国語政策の戦後史

野村敏夫

大修館書店

まえがき

国語政策――と聞いて、どんな内容を思い浮かべるだろうか。経済、外交、福祉、教育など、日頃の生活に切実に影響する様々な政策の中で、「国語」については余りイメージがないかもしれない。しかし、私たちが、いわゆる共通語を使って全国どこでもコミュニケーションを行い、そろって漢字や仮名を使った文章で読み書きをしている状況は、実は国家政策の上に成り立っている。――そういえば、戦前の人は歴史的仮名遣いで書いていた。人名に使える漢字が最近増えた。そんなことを思い出した人もいるだろう。そう、私たちは国語政策のもとで生活しているのである。

太平洋戦争後に国語改革があったことを知っている人も多いだろう。昭和二一（一九四六）年に当用漢字表・現代かなづかいが実施されてから、平成一八（二〇〇六）年でまる六〇年。漢字の新字体の多くは昭和二四年の字体表で決まったものだ。もはや日本人の大半が、新仮名・新漢字の表記を習い覚えて育った世代となった。

しかし、当用漢字表も現代かなづかいも、昭和五〇年代から六〇年代にかけて廃止され、当用漢字表の後を受けて実施された常用漢字表（昭和五六年）も、既に見直しが進められている。現代かなづかいも面目を一新し、今は現代仮名遣いという名のきまり（昭和六一年）が用いられている。当用漢字表・現代かなづかいと、常用漢字表・現代仮名遣いとでは、きまりとしての性格も異なっている。この辺りの事情を理解している人は、むしろ少数かもしれない。当用漢字表・現代かなづかいの実施から十数年を経た昭和三〇年代、当時の国語審議会では激論が戦わされ、戦後の国語改革路線が全面的に見直されて、現行の表記基準が作られてきたのである。

国語政策の対象は表記にとどまらず、敬語や言葉遣い、国語教育なども扱い、近年では、情報化や国際化などの社会変化を踏まえ、更に幅を広げている。毎年発表される文化庁の「国語に関する世論調査」は施策立案の参考とされるものであるが、その結果に表れる、敬語やことわざの使い方の変化などに興味を持った人も多いのではないか。

日本語を母語とする者にとって、ものを考えることも、社会生活を営むことも、日本語を離れては考えられない。生まれた時から両親に話しかけられ、子供の頃から読み習い、味わい、楽しみ、あるいは、乱暴な物言いをしてそれは良くない言葉だと注意されたりしてきた日本語＝国語は、私たちの人間形成や能力形成に深く関わり、人格の一部になっていると言っても過言ではないだろう。とすれば、その国語を規定する政策も、私たちの能力や人格の形成に深く関わっていることになるだろう。そしてトータルには、日本の文化や国民性、国柄といったものの形成にもつながっていることになろう。昭和三〇年代に戦わされた論争も、そのような認識に立って、改革派・伝統派の間で、それぞれの信念を懸けて行われたのである。

国語政策に属する個々の施策については、漢字表や審議会答申などのそれぞれに当たれば、内容を知ることができる。しかし、それぞれの意味づけ・位置づけを考えるためには、施策の体系や歴史を知ることが必要である。現代日本語と国語政策の関係を知りたいとか、これからの国語政策の在り方を考えたいと思うような場合は、特に大きな視野が必要になるだろう。

従来、国語政策について書かれた書物は、あるものは個々の施策の解説であり、歴史的な記述であっても、あるものは筆者の興味を引いた事柄だけを中心に拾ってあり、またあるものは施策批判に終始しているという具合になりがちで、それぞれ有益な面はあるものの、前記の観点からは十分ではなかった。そこで私は本書において、戦後から二一世紀初頭に至る国語政策史を、できるだけその総体が見えるように記述したいと考えた。

もう一つ、私が本書を書きたいと思った理由がある。それは、今書いたこととも関係するが、私は数年の間、国語施策の担当部署に勤務した経験があり、役所や審議会の活動に直接関わった。その間もその後も国語施策に関する外部の意見を様々耳にしたが、中には全く見当外れの批判や、自分の好みや限られた知識から国語全体あるいは政策全般を論じようとする意見も少なくなかったのである。国語については、誰でも自分の経験から〝一家言〟を持てるところがある。しかし、議論のためには基盤となる知識が必要である。

幸い、戦後の国語施策立案の中枢を担ってきた国語審議会について、戦後間もない数年間の記録が議事録付きで冊子化されているほか、その後各期の報告書が、やはり議事録付きでまとめられており、合わせて七五〇〇ページ余りを通読することができる。そこで、答申・告示・通知等の公式文書やこれらの記録を基本資料として、政策検討・実施の流れを記述するとともに、関連する官民の刊行物等も参照し、関係者から直接得た情報も合わせ、各事項に必要な情報を盛り込むことに努めた。近年、各省庁や国会図書館などのサイトに置かれるようになった公的な記録も参照した。

政策立案を担当する審議会では、そのための現状分析や方針決定に関する種々の議論が行われる。実行された施策そのものとともに、それにまつわる議論が、自ずと各問題の具体的内容や論点を明らかにしている。民間における論争や政党内の動きについても取り上げたところがある。国語政策の担当部署を取り巻く世の中の空気を立体的に捉えることができると思う。

記述にあたり、審議会の開催日や発言者の肩書きなども積極的に書き入れておくことにした。むろん、これには記録・資料的な意味があるが、例えば、ある時期に精力的に行われた会議の頻度だとか、真夏の暑い時期や正月明けの会議だったとか、新聞界の人がこういう意見を持っていたとかいう付帯情報が、事の進みに臨場感を添えてもくれる。同じ人物が年を経て肩書きを変えて登場するところなどは、個人史の一コマとして捉えていただくこともできよう。審議会の会議は、戦後初期には文部省内で行われたが、近年のものは、総会は省外のバンケットホール、委員会はオフィスビルの小会議室を想像していただくとよい。

六〇年の間に、国語の状況も、それを取り巻く日本や世界の状況も、大きく変化した。終章で、それまで編年的に細かく記述してきた事柄を、時代の大きな流れの中に位置づけることを試みた。

様々な議論や論争や共同作業など、目標や信念を持った個人や集団による人間臭いドラマの展開が、より大きな歴史の流れに包まれて、その跡を残してきたさまをお見せできることになるのではないかと思う。

それでは、六〇年の旅にお付き合いいただくことにしよう。

［目次］

まえがき　i

序章　日本語の歩みと国語政策……1

一　国語政策と私たち……2
日本語の表記と国語政策／国語政策の諸側面／国語政策と個人／国語政策の機関と政策の歩み

二　前史――明治から戦中までの国語政策概観……13
明治維新前後に始まる諸論の展開／国語問題に関する国の機関の活動

第一章　戦後の国語改革……21

一　戦後国語改革の出発……22
常用漢字表の選定と挫折／当用漢字表の制定／現代かなづかいの制定

二　〝当用漢字表体制〟の確立……40
当用漢字別表、当用漢字音訓表の制定／当用漢字字体表の制定／〝当用漢字表体制〟の確立と国立国語研究所の設置／「中国地名・人名の書き方の表」の建議

第二章　民主社会の基盤整備……55
一　国語審議会の改組と新生第一期国語審議会……56
国語審議会の改組／第一期国語審議会の概要／「国語問題要領」（国語白書）の作成／法令・公用文の改善と人名用漢字の選定／「これからの敬語」の提唱
二　第二期国語審議会の事績……76
第二期国語審議会の概要／ローマ字のつづり方とローマ字教育／部会報告「外来語の表記について」／地名、法令用語等への提言／当用漢字表の再検討／部会報告「標準語のために」
三　第三期国語審議会の事績……98
第三期国語審議会の概要／第一部会と「同音の漢字による書きかえ」／第二部会と「話しことばの改善について」／「かなの教え方について」／「正書法について」／「学年別漢字配当表」誕生
第三章　改革への賛否と施策の見直し……117
一　仮名遣い論争……118
論争のきっかけとなった小泉信三の主張／その後の論争の展開

二　「送りがなのつけ方」制定……124
正書法部会による取組み／「送りがなのつけ方」の建議と告示／内閣告示「送りがなのつけ方」の内容
三　五委員脱退す——表音派・表意派の対立……130
第四期における対立的な意見／国語問題をめぐる審議会内外の動き／委員選出方法をめぐる紛糾と五委員の退席
四　嵐の後の船出——国語施策の見直しへ……136
文部大臣、国語施策の再検討を求める／国語問題の再整理
五　第七期国語審議会と吉田提案……141
国語審議会令改正と第七期国語審議会／吉田提案とその審議／吉田提案の論拠／国字問題をめぐる国語審議会、文部省の意識／表音文字化志向の運動など／中村文相、「国語の表記は漢字仮名交じり文」を確認
六　新たな表記基準の策定に向けて……153
文相、「国語施策の改善の具体策について」諮問／文部省・文化庁による意見収集／自民党小委員会の審議と結論

第四章　国語表記基準の再構築 …… 161

一　音訓表・送り仮名の改定 …… 162

第八期から第一〇期までの国語審議会の審議概要／答申「当用漢字改定音訓表」／答申「改定送り仮名の付け方」／当用漢字音訓表、送り仮名の付け方の内閣告示と教育での実施

二　建議「国語の教育の振興について」 …… 176

審議の経過／建議が掲げた国語の理想像と基本的認識／学校教育、社会教育等への提言と後年への影響

三　当用漢字表から常用漢字表へ …… 181

常用漢字表案に至る審議／常用漢字表の答申と実施／漢字仮名交じり文の新たな時代へ

四　「現代かなづかい」から「現代仮名遣い」へ …… 193

昭和五〇年代の国語審議会の雰囲気と、現代表記の定着状況／第一五期、第一六期国語審議会の概要／「改定現代仮名遣い」の内容／「現代仮名遣い」の内閣告示と学校教育における取扱い

五　『外来語の表記』の制定　――戦後国語改革見直しの完了 …… 200

外来語の表記の審議と答申／答申『外来語の表記』の内容／『外来語の表記』の実施

第五章　「新しい時代」の施策追求……209
一　国語問題の整理から二〇〇〇年の三答申へ……210
現代の国語をめぐる諸問題の見渡し／文部大臣の諮問と第二一期までの国語審議会
二　言葉遣いに関する審議――敬語から敬意表現へ……218
「ら抜き言葉」認知しかねる／「制度」か「心」か／第二二期国語審議会と答申「現代社会における敬意表現」
三　表外漢字の字体に関する審議――表記施策、常用漢字表外に踏み出す……229
第二〇期における情報化の問題整理／表外漢字字体表の答申とその内容／表外漢字字体表の影響と政府の対応
四　国際社会への対応に関する審議――〝地球社会〟おける日本語への提言……236
第二〇期および第二二期国語審議会の取組み／答申が示す日本語の在り方／外来語増加への対応と姓名のローマ字表記の問題
五　国語審議会の終幕と〝拡張の一〇年〟……247
第六章　国語政策の現在、そして未来へ……251
一　文化政策の中の国語政策へ……252
文化審議会の発足と、「文化の基盤」としての国語／文化庁、新たな事業を開始

二　「これからの時代に求められる国語力」の提言……257
文部科学大臣の諮問とその背景／審議の経過と答申／文化審議会答申「これからの時代に求められる国語力について」の内容／文化審議会答申と学校教育

三　表記・語彙政策の今日的動向……265
漢字使用拡大の潮流と常用漢字表の再検討／国立国語研究所の外来語言い換え提案

四　日本語の舵取り　――その課題と展望……274
現代社会と国語政策の課題／戦後国語政策史の時代区分／これからの日本語のために

参考文献　285
あとがき　289
国語審議会（戦後）・文化審議会答申・建議等分野別一覧　巻末10
索　引　巻末1

※本文中の引用において、特に字体が問題となる場合を除き、常用漢字表にある漢字は常用漢字の字体を用いた。また、読み易さを考えて、振り仮名を付けた場合がある。

序章　日本語の歩みと国語政策

一　国語政策と私たち

1　日本語の表記と国語政策

日頃私たちが読み書きしている日本語の文章は、漢字仮名交じり文である。細かくは、漢字や平仮名・片仮名のほか、ローマ字やアラビア数字などを交ぜた複雑な表記法となっている。しかし、私たちはこれを何気なく使いこなして、漢字や仮名などにそれぞれ役割分担をさせている。例えば動詞や形容詞の語幹を漢字で、活用語尾を平仮名で、外来語を片仮名でといった具合である。この表記体系は、文字を持たなかった我々の祖先が、伝来した中国の文字を用いて何とか自分たちの言葉を書き表そうと努力したところから出発し、様々な苦心や試行錯誤が積み重ねられ、千数百年の歳月を経て今日の形にまで整えられたものである。

漢字だけで日本語を表記していた初期の苦心について、太安万侶《おおのやすまろ》が「古事記」の序に記している。すなわち、すべて漢字の訓を用いて記すと微妙なニュアンスまでは表しきれず、全部漢字の音《おん》を用いて記すと記述が非常に長くなる。そこで、ある場合は一句の中に音と訓とを交ぜて用い、ある場合は一事を記すのにすべて訓を用いて記述した。安万侶はこのことを次のように述べた。

已《すで》に訓によりて述べたるは、詞《ことば》心に逮《およ》ばず。全《また》く音を以《も》ちて連ねたるは、ことの趣《おもむき》更に長し。是《ここ》を以ちて今、或《ある》は一句の中に音訓を交《まじ》へ用ゐ、或は一事の内に全く訓を以ちて録《しる》す。

しかし、これを実際には左のように書いたのである。

已因訓述者詞不逮心全以音連者事趣更長是以今或一句之中交用音訓或一事之内全以訓録

この「古事記」方式では、訓読みするには明示されていない活用語尾や助詞などを補わねばならないし、書いてある順ではなく、飛んだり戻ったりして読む部分も出てくる。ただ音として漢字を並べる場合には、表意文字としての情報と、それを載せるための複雑な字形は無駄である。字面《じづら》も一面に込み入った感じになる。借り物の漢字ばかりによる日本語の文章表記は不合理で不自由であり、表記法の改善は必定であった。

図1　箸袋に書かれた「きそば」「おてもと」

そして、続く平安時代に、漢字から日本語の音節表記に適した仮名（平仮名・片仮名）が生み出され、以後、いわば親子の関係にある漢字と仮名とを交ぜて用いる独特の方法が、学問、文芸、書簡、行政の文書等、各分野での特徴を生みつつ育てられてきた。借り物から出発した応用とやりくりの表記法であるが、私たちの祖先はそれを洗練し、日本語の微妙なニュアンスの表現や書としての美的世界をも開拓してきた。今日の私たちもその方法――漢字仮名交じり文――を用いているが、この文字複合表記システムが、近現代の日本社会で「国語問題」「国語国字問題」として論議の的となり、政策課題ともされてきたのである。

現在、私たちは、国の審議会が作成し、内閣告示とされた漢字表や仮名遣い、送り仮名の付け方などを学び、それを基本として読み書きをしている。法令、公用文、新聞・放送等の表記もそれら内閣告示を基準としている。よく知られているように、昭和の戦後期に、当用漢字表と現代かなづかいの制定という大きな表記改革があり、現在の私たちの社会生活における表記体系は、基本的に、その改革が拓《ひら》いた現代表記の路線上にある。しかし、これを大きく見れば、日本語表記の変遷史、漢字仮名交じり文の発達史の上にあり、中期的には、明治以来の政策的な歩みの上に構築されているものだと言える。

例えば、現代の社会生活で、私たちは当然のごとく一定の字体の仮名を用いており、それ以外のいわゆる変体仮名は、店の看板や箸袋（図1）、あるいは芸術的な書などで目にするくらいである。私たちが通常使用している仮名の字体は、それまでいろいろに書かれていたのを整理して、明治三三（一九〇〇）年の小学校令施行規則で定められた。その教育の場での基準が一般に広まって定着したものである。

2　国語政策の諸側面

国語政策は、我々の言語生活の諸側面に及んで、その基盤となったり影響を及ぼしたりしている。いくつかのトピックを拾って紹介してみよう。

そもそも近代初期には、方言の集合体のようだった日本語の標準を様々な面で確定していく必要があった。井上ひさしの戯曲「国語元年」には、明治初期の国内各地の言葉が互いに大きな隔たりを持ち、異なる方言話者同士が意思疎通に事欠く様子がユーモラスに描かれている。その主人公は、「全国統一話し言葉」を一人で作ろうと粉骨砕身した挙げ句に発狂してしまう。しかし、同一国内で社会的な情報伝達や教育が十分に行われるためには、共通に使える言葉を持つことが必要である。近現代にはその獲得のプロセスがあり、政策もそれに関わったのである。

例えば、明治三七（一九〇四）年度から使用された国定教科書『尋常小学読本』に用いられた言葉は、話し言葉・書き言葉の標準として、国語の統一に大きく与《あずか》った。「おとうさん」「おかあさん」という親の呼び方も、全国の小学校で使用されたこの教科書から一般家庭へと普及したものである。東京でも、主流だった「おっかさん」は「おかあさん」に取って代わられた。当初は耳慣れない言い方への非難もあったようである。(注一)

国語政策には言葉遣いに関するものの一群もある。例えば昭和二七（一九五二）年に国語審議会が建議した「これからの敬語」は、敬語の使い方や考え方のよりどころを求める人々の参考とされ、識者の敬語論にもしばしば引かれてきた。同建議は、これからの新しい時代の敬語は、上下関係ではなく相互尊敬の上に立たなければならないと述べている。古代から存在する敬語の基本的な考え方を、民主主義時代にふさわしいものに変えることを提言したのである。その半世紀後、平成一二（二〇〇〇）年には国語審議会答申「現代社会における敬意表現」が敬語以外の様々な配慮の表現の存在を指摘して、対人的配慮表現の見方を広げた。同答申は、方言の敬意表現や外国人との意思疎通についても触れている。これらの建議や答申は、時代による人間関係の変化や敬語研究の進展などを踏まえて社会に向けて発信されたものであり、研究者や教育者、報道関係者等の専門家に参照され、言葉遣いの拠り所を求める一般の人々の参考にされるといった形で社会的な影響力を発揮している。

国語政策は、先の国定教科書の例にも見られるように、教育を通じて実現される面が大きい。国語に関する審議会は国語教育に関する提言も行っている。昭和四七（一九七二）年の国語審議会建議「国語の教育の振興について」は、学校、社会、家庭における国語の教育の振興を提言し、これが「文化庁「ことば」シリーズ」という冊子資料発行などの具体策の実施にもつながった。この建議に述べられた「言語環境の整備」「言語活動の適正化」は、昭和五二年以降、小学校から高校までの学習指導要領において、総則の中で謳われている。国語審議会の提言が、社会的啓発事業や学校教育に生かされた例である。近いところでは、平成一六（二〇〇四）年に文化審議会が「これからの時代に求められる国語力について」を答申した。

もう一つ紹介しておこう。「人名用漢字」という施策がある。現在は戸籍法施行規則の別表として法務省が所管しているが、昭和二六（一九五一）年に国語審議会が人名漢字についての建議を行い、内閣告示となったのが、生まれた子の名付けに用いる漢字の表の始めである。近年では、平成一六（二〇〇四）年に大幅に増加されて話題となった。これは表記に関する施策であるが、一般の国語ではなく一人一人の国民自身の命名に関わるところに特徴がある。子の将来を思い、散々悩んで考えた漢字が使えない、というような立場に立たされた人には納得できない問題となり、時には訴訟にまで発展する。しかし、自分の子の名は他人に読んでもらうものであり、社会の中で通用させていくものである。思いを込めて自由に名付けをしたいという願いと、人の名は互いに読める範囲で付けるべきだという考え方とがせめぎ合うことになる。

3　国語政策と個人

私事にわたるが、昭和三一（一九五六）年生まれの私は、多分小学校低学年の頃、ＰＴＡか町内会の刷り物に「〜しませう」という表記を見つけ、昔の書き方だという母の説明に、「ふうん、そうなのか。」と思った記憶がある。歴史的仮名遣いが露出する断層面との出合いであったが、実際に書く人がいたということ、それに、本書でも後で取り上げるが、当時の国語審議会における論争を考え合わせるならば、それはまだ活断層の性質を持っていたのである。実は、我が家からほど近い小さな公園には、町内会での旧表記世代の活躍を思わせる看板が、今でも立っている。そんなに古いものとも思えない（図2）。書き手は、習い覚えた書き方で書いたのであろう。話は少しさかのぼるが、明治三〇年代からの一時期、小学校で「ニチヨービ」「べんきょー」のような、いわゆる棒引き仮名遣いを教えた。野元菊雄・第四代国立国語研究所長の父親は、ちょうどこの時期に小学校で学んだが、九三歳で亡くなるまで、ともすると棒引き仮名遣いを使っていたそうである。

私が高校二年生だった昭和四八（一九七三）年には、それまで「行なう」だった送り仮名が、本則としては「行う」に変わった。「行なう」だと習い覚えたものを「行う」に変えるのは、当初少し抵抗があった気がする。入試の記述問題ではどう扱われるのだろうと、ちょっと気になった記憶もある。当時は、「決まりが変わった」という程度の認識で、国語審議会の答申が内閣告示になったなどということは、関心のほかであった。

就職して自宅でもワープロを使い始め、数年たって新型に買い換えたとき、以前のワープロで作成した文書を印刷すると、「檜」が「桧」に化けて出た。以前から使っていたワイヤドットプリンタにつなぐと「檜」で出るのを興味深く思ったものである。これは、昭和五八（一九八三）年に行われた通産省所管のＪＩＳ漢字規格改正のとき、「第一水準」と「第二水準」という枠の中に入っていた、それぞれの漢字（異体字同士）のコード番号が入れ替えられたためだと、後で知った。「藪」と「薮」、「鰺」と「鯵」なども入れ替わっていたのである。情報化時代の国語に関する政策の余波であった。

これらは、私が国語政策の露頭に出くわした瞬間である。ふだん、国語政策は私たちを空気のように取り巻いて環境を作っていて、私たちはそれを意識していないが、実はその空気を呼吸して言語生活を営んでいるのである。現代仮名遣いに従い、常用漢字の字体を用い、ＪＩＳ規格の文字を搭載したパソコンで文書を作成している私たちは、現代の国語政策の空気になじんでいる。教育政策により、「正しい書き方」などの意識も培われている。

図２　公園の看板（2006 年 6 月撮影）

しかし、政策は人為であり、その時代のものである。そして、公園の看板や野元・元所長の父親に見られたように、個人の言語的な素養や感覚に強く影響力を働かせる。その意味で、国語政策の内容やその歴史的な流れを知っておくことは、私たち現代人が自己を認識する資料を得るための、一つの引き出しにもなるのだと言える。そして、日本人論、日本論への、一つの扉にもなるだろう。

4　国語政策の機関と政策の歩み

以上述べてきたように、国語政策は、従来、表記について一定の公的な枠組みを作り出し、そのほかにも、一般の社会生活の中の言語生活領域に、様々に働き掛けてきた。その政策立案に際し、主導的役割を演じてきたのが国の調査・審議機関である。

まず、明治三五（一九〇二）年、国語の改善に関する最初の調査機関として、文部省に国語調査委員会が設置された。その仕事は大正一〇（一九二一）年設置の臨時国語調査会、昭和九（一九三四）年設置の国語審議会に引き継がれ、平成一三（二〇〇一）年一月の省庁再編に伴って国語審議会は廃止となり、新たに発足した文化審議会の国語分科会に受け継がれて今に至っている。これらの機関は各時代における国語政策の中枢を担い、その歴史は既に一〇〇年を超えた。

政策の目指す方向は、初期には明治政府による近代国家体制構築と並行し、昭和の太平洋戦争後は民主的国家建設と並行した。その昭和戦後期には国語表記改革が断行された。昭和四〇年代以降は社会の成熟を基盤として、戦後の改革の見直しが行われた。当用漢字表から常用漢字表に代わり、その性格も変化した。

二〇世紀末、元号では平成となって以来、情報化の著しい進展や、国際化ないしはグローバリゼーションの流れの中で、国語政策は自らの新たな対象領域を定める作業を進めた。コミュニケーション、音声言語、情報機器や情報通信ネットワークおよびそれに関わる工業規格、国際社会における日本語使用、多様な外国人の日本語学習、情報化・国際化社会で必要とされる言語運用能力、地球社会における日本語の在り方、日本人のアイデンティティー探しといった、時代特徴を構成する因子が国語政策策定の背景となった。「国語国字問題」は依然として大きな問題ではあるが、それは問題の一部であり、国語について考える視野は地球規模となった。

二一世紀のこれから、国語政策はやはり日本がどういう国たらんとするかという全体的な政策と並行していくであろう。そして、「どういう国たらんとするか」の前に「世界の中で」という修飾語が以前にも増して意識されるであろう。

さて、国語政策に関する点描や総括的な話はここまでにしておく。

昭和二一（一九四六）年に当用漢字表、現代かなづかいが実施されて六〇年、戦後から二一世紀初頭に至る政策の流れを、これから具体的に見ていくことにしたい。導入として、明治から太平洋戦争終結前までの、国語の状況と政策について、簡単にたどっておくことにする。

なお、私は先程来、「政策」と「施策」の両語を適宜用いてきた。本書では、国語に関する政府や自治体の仕事について、内閣告示や事業実施など個々の計画実施を「施策」、「施策」の総体および政府・自治体等の全体的な方針を「政策」と呼ぶことにしている。

二　前史

——明治から戦中までの国語政策概観

1　明治維新前後に始まる諸論の展開

現代表記の世界にいる私たちにとって、太平洋戦争の敗戦によって世の中が変わるとともに、国語も一気に現代化されたという二分法によるイメージが強い。確かに懸案だった表記改革の機はその時に訪れた。しかし、明治以来、昭和戦後に急速な改革を可能にする下地が作られていったこと、表記以外の面でも、近代国家、近代社会に必要な国語の要素が整えられていったことを押さえておく必要がある。その途上には、種々の立場からの主張や論争、国の施策や民間の対応など、様々な営みがあったのである——。

明治時代の幕が切って落とされる直前の慶応二（一八六六）年、前島来輔《らいすけ》（密《ひそか》）が将軍徳川慶喜に

「漢字御廃止之議」を建白したのが、以後展開される国字改良論の先駆けとなった。前島の考えは、漢字を廃止して仮名専用とする論である。別に、国字としてローマ字を採用すべきだとする意見もあり、これは南部義籌《よしかず》が明治二（一八六九）年に大学頭山内豊信《とよしげ》（容堂）に建白した「修国語論」に始まる。しかし、漢字の全廃は現実問題としては困難であることから、福沢諭吉、矢野文雄（龍渓）などは、漢字節減論を唱えた。また、新たに文字を考案すべきだとする説も一部に行われた。

前島の「漢字御廃止之議」は、「国家の大本は国民の教育にして其《その》教育は士民を論せす国民に普《あまね》からしめ之を普からしめんには成る可《べ》く簡易なる文字文章を用ひさる可《べか》らす」と書き出される。これを基本的な考え方として、教育は音符字（仮名字）用いて行い、漢字習得に費やす時間を節約し、将来は日常の公私の文における漢字を廃止することを提案している。福沢諭吉は、その著『文字之教《おしえ》』（明治六〈一八七三〉年）で、「ムツカシキ漢字ヲバ成ル丈《たけ》用ヒザルヤウ心掛ルコトナリ。ムツカシキ漢字ヲサヘ用ヒザレバ漢字ノ数ハ二千カ三千ニテ沢山ナル可シ」と説いている。

鎖国の夢から覚めて世界に目を開いた時代、我が国の将来を考えたとき、欧米の先進国で二十数字のアルファベットで事足りているところを、際限なく漢字を覚えなければならない我が国の表記システムについて、疑問を持つ人々が出たのは自然である。後に初代文部大臣となる森有礼《ありのり》は、二〇代だった明治初期には、漢語に依存する日本語の表記改革を否定的に考え、書き言葉には簡易英語を採用すべきだと論じていた（支持は得られなかったが）。

国字改良の運動は、団体によっても展開された。仮名論では明治一六（一八八三）年に「かなのくわい」が、ローマ字論では明治一八年に羅馬字会《ローマ》が結成され、のちにローマ字ひろめ会、日本ローマ字会、カナモジカイなどが活動を行っていく。明治四〇（一九〇七）年には、当時の首相西園寺公《きん》望《もち》が、ローマ字ひろめ会の会頭に就任している。

一方、国字改革に反対する主張もあり、現状維持論や自然淘汰に任せるべきだとする論が行われた。さらに、国字改良論者の間でも、歴史的仮名遣いと表音式仮名遣い、ヘボン式ローマ字（例えばシ、ツをshi、tsuと書く方式）と日本式ローマ字（シ、ツをsi、tuと書く方式）をそれぞれ主張する人々の間などで盛んに論争が繰り広げられたのである。

以上は国字問題である。国語改良にはさらに、言文一致や標準語の確立の問題がある。口語から大きく隔たった文章語を見直し、思想・感情を自由に表せる文体を獲得すること、様々な方言を持つ日本語のスタンダードを確立することは、近代日本社会にとって欠かせない課題であった。

言文一致について『国語学大辞典』（一九八〇、東京堂出版）は、「明治二十年前後から始まる山田美妙・二葉亭四迷らの文学活動の上における実践が大きな勢力となって、その後一進一退はありながらも文芸界を先頭に着実に発展し、近代の国語改革運動の中では最も早く成功を収めたものとなった。」と記している（「国語問題」の項、大石初太郎執筆）。文芸主導で確立された言文一致体は、ほどなく教科書に、大正年間には新聞にも取り入れられていく。標準語に関しては、明治三七（一九〇四）年度から使用された国定読本が国語の統一に大きく関わったこと、前節で触れたとおりである。大正一四（一九二五）年に開始されたラジオ放送の効果も大きかった。

以下、国語改良に係る国の機関の活動と、それに応じた社会の動きについて述べる。

2　国語問題に関する国の機関の活動

(1)　国語調査委員会

明治三五（一九〇二）年三月、最初の官立の国語調査機関として、文部省に国語調査委員会が設置された。同委員会は同年七月に「国語調査方針ト調査事項」を発表している。その方針の第一項は「文字ハ音韻文字（「フォノグラム」）ヲ採用スルコト、シ仮名羅馬字等ノ得失ヲ調査スルコト」である。このほか、言文一致体の採用や標準語の選定などを方針とし、「普通教育ニ於ケル目下ノ急ニ応センカタメニ」、漢字節減、文体、国語・字音仮名遣い、外国語の写し方について調査することとした。同委員会は、国語の音韻、方言、漢字、仮名遣い、口語法などについて学術的な業績を残した。

国語調査委員会が音韻文字採用を前提とする調査方針を立てたことは、以後、国語国字問題を考える有識者（特に伝統を重んずる人たち）に強く意識されることとなり、六〇余年を経た昭和四〇（一九六五）年まで、国語審議会で議論が尾を引くことになる。

(2)　臨時国語調査会

行政整理のため、大正二年に国語調査委員会が廃止されたのちも、教育界や一般社会から国語に関する調査機関の再設置に対する要望があり、国語国字問題に一見識を持つ原敬《たかし》首相のもと、大正一〇（一九二一）年六月、文部省に臨時国語調査会が設置された。同調査会は、「常用漢字表」（大正一二。一九六二字）、「仮名遣改定案」（大正一三）、「字体整理案」（大正一五）、「漢語整理案」（大正一五～昭和三）などの諸案をまとめた。武部良明は、これらの案がまとめられたことを指して、「このあたりで、昭和二十一年からの現代表記について、その基礎が固められたと考えてよいのである。」と述べている。（注2）

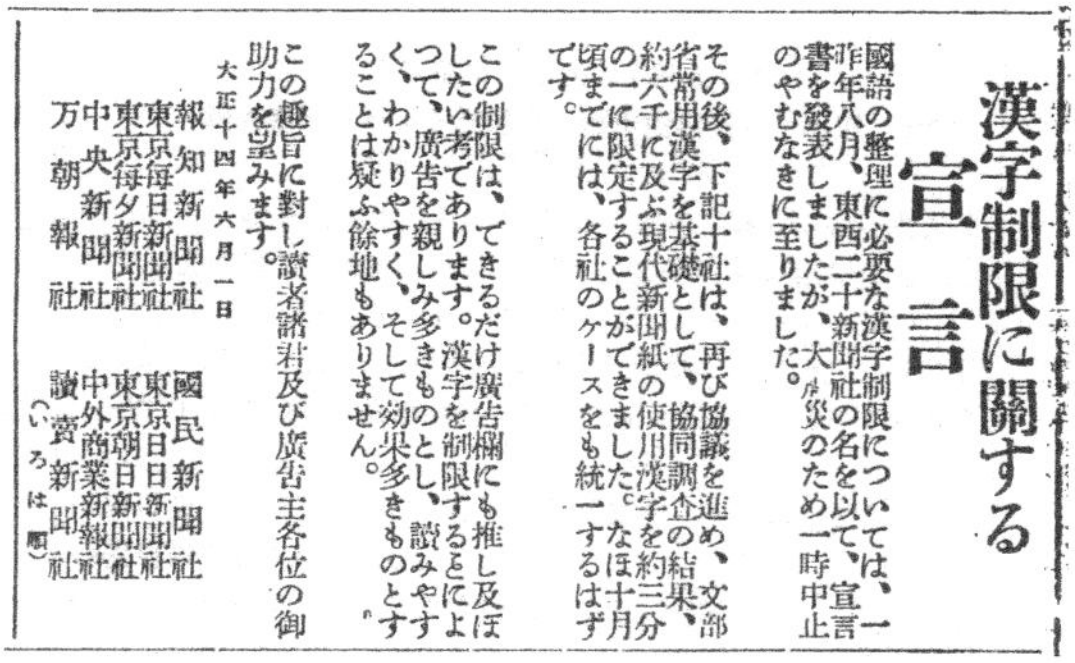

漢字制限に關する宣言

國語の整理に必要な漢字制限については、一昨年八月、東西二十新聞社の名を以て、宣言書を發表しましたが、大シン災のため一時中止のやむなきに至りました。

その後、下記十社は、再び協議を進め、文部省常用漢字を基礎として、協同調査の結果、約六千に及ぶ現代新聞紙の使用漢字を約三分の一に限定することができました。なほ十月頃までには、各社のケースをも統一するはずです。

この制限は、できるだけ廣告欄にも推し及ぼしたい考であります。漢字を制限するとによつて、廣告を親しみ多きものとし、讀みやすく、わかりやすく、そして効果多きものとすることは疑ふ餘地もありません。

この趣旨に對し讀者諸君及び廣告主各位の御助力を望みます。

大正十四年六月一日

報知新聞社　國民新聞社
東京毎日新聞社　東京日日新聞社
東京毎夕新聞社　東京朝日新聞社
中央新聞社　中外商業新報社
万朝報社　讀賣新聞社
（いろは順）

図３　漢字制限に関する宣言

ところで、同調査会の発足当時、新聞界で漢字節減の機運が高まっていた。五月に「常用漢字表」が発表された大正一二年の八月六日、報知、東京日日、朝日、読売など二〇社は、臨時国語調査会の決定を全面的に支持する内容の「宣言」を掲載し、「漢字制限はすでに議論の時代を過ぎて実行の時代に入つて来ました。その実行が一日早ければ、国民文化の進みは一日早まります。（中略）われらは一同こゝに相談して、徹底的に新聞紙上に於ける漢字制限の実行を期することゝし、その用意にとりかゝりました。」と取組みの姿勢を示した。ところが、九月一日からの実施を期したこの漢字制限は、折からの関東大震災によって実施不可能となってしまった。しかし、その後再び協議が進められ、大正一四年六月一日には一〇社が「漢字制限に関する宣言」を掲載し、「約六千に及ぶ現代新聞紙の使用漢字を約三分の一に限定することができました。」と高らかに謳っている（図3）。

その後、臨時国語調査会は昭和六（一九三一）年五月に、前記の表を修正した一八五八字の「常用漢字表」を発表したが、同年九月に満州事変が勃発し、中国の地名・人名を含む報道が必要となったことなどから、漢字制限そのものが不可能になり、新聞の申し合わせも守られなくなっていった。

(3) 国語審議会、臨時ローマ字調査会

昭和九（一九三四）年一二月に、臨時国語調査会に代わって国語審議会が設置された。同審議会は、文部大臣の諮詢《しじゅん》に応じて国語に関する事項を調査審議し、関係各大臣に建議することができるとされた。単なる調査機関だった国語調査委員会や臨時国語調査会に比べ、権能が強化されたのである。昭和一〇年三月には左の文部大臣の諮問が行われた。

発図二九号

国語審議会

一　国語ノ統制ニ関スル件

二　漢字ノ調査ニ関スル件

三　仮名遣ノ改定ニ関スル件

四　文体ノ改善ニ関スル件
右其ノ会ニ諮問ス
昭和十年三月二十五日
文部大臣　松　田　源　治

この諮問に応じて同審議会は審議を進め、「漢字字体整理案」(昭和一三)、「標準漢字表」(二五二八字)、「新字音仮名遣表」「国語ノ横書ニ関スル件」(以上、昭和一七)を答申した。このうち「標準漢字表」は、戦後すぐの国語審議会で直接の検討対象となり、戦前・戦中の諸案は、国語改革への道筋を開く上での布石ないしは捨て石のような役割を果たすことになる。

ローマ字については、昭和五(一九三〇)年に設置された臨時ローマ字調査会が、長年にわたって繰り返された綴り方の議論に決着をつけ、ヘボン式よりも日本式に近い綴り方表を答申した。これに基づいて、昭和一二(一九三七)年九月、内閣訓令第三号(「国語ノローマ字綴方統一ノ件」(注3))が公布され、鉄道駅名等に広がりを見せた(いわゆる「訓令式ローマ字」)。ただし、ヘボン式論者の納得は得られず、ローマ字表記方式の対立は、以後も続くことになる。

以上、明治から昭和戦中までの国語問題に関する論議や国語施策について、駆け足でたどってみた。以後の章で、必要なことはまたさかのぼって補うことにしたい。

一般社会全体の基準とはされなかったが、近代日本では国語に関する様々な改革案が積み重ねられ、教育や報道等の分野で実践も行われてきた。とりわけ熱い議論が戦わされたのは国語表記の問題である。習得に多大な時間と努力を要する多字種の漢字、現実の発音と離れた仮名遣い、統一性のない送り仮名、そして、全体として国際的な通用性のない文字体系であることなどが、批判・検討の対象となった。

そして、昭和戦後に表記改革が実行に移される。これは、言ってみれば、国と国民挙げての壮大な実験である。次章ではこの改革の時代を取り上げる。右の批判・検討の論点について、次章以降で当事者の具体的な声を聞くことにしよう。

注

1 水原明人『江戸語・東京語・標準語』(一九九四、講談社現代新書、九四頁)。また、真田信治『標準語はいかに成立したか』(一九九四、創拓社、一〇二頁)も『尋常小学読本』における親族名称を解説しており、共に飛田良文「近代語彙の概説」(講座日本語の語彙6『近代の語彙』一九八二、明治書院、三四頁)の親族名称対照表を引用している。

2 武部良明『日本語の表記』一九七九、角川書店、四九四頁

3 この標題は、昭和一二年九月二一日付け官報第三二一七号の「目次抄録」に掲載されたものよる。内閣印刷局編『法令全書』の目録では、「国語ノローマ字綴方統一ニ関スル件」となっている。吉田澄夫、井之口有一編『明治以降国字問題諸案集成』や武部良明『日本語の表記』が「国語ノローマ字綴方ニ関スル件」とし、「統一」を落としているのは誤写か。

第一章　戦後の国語改革

一　戦後国語改革の出発

1　常用漢字表の選定と挫折

(1) 戦後初の国語審議会総会

昭和二〇（一九四五）年八月一五日、終戦。二八日、東《ひがし》久邇宮《くにのみや》稔彦《なるひこ》首相が記者会見で全国民総懺悔を強調。三〇日にはマッカーサー元帥が厚木飛行場に降り立ち、九月二日には戦艦ミズーリ号上で降伏文書調印式が行われた。翌九月三日には連合国軍総司令部（ＧＨＱ）から、自治体の名称、駅、主要道路標識の英語での表示を修正ヘボン式ローマ字で行うよう指令が出されている。九月一一日には逮捕命令を受けた東条英機元首相が自殺未遂。一〇月一一日、ＧＨＱは教育の民主化や女性解放を含む五大改革を指令。一一月二日には日本社会党、同九日には日本自由党の結成大会が開かれた。

そんな慌ただしい戦後の日本――敗戦から三か月の晩秋一一月二七日、焼け跡の広がる東京の文部省第三会議室で、国語審議会第八回総会が開催された。議題は「標準漢字表再検討に関する件」。この席で文部大臣の代理として挨拶に立った大村清一次官は次のように述べ、標準漢字表の再検討について「じゅうぶん御審議くださるよう」同審議会に求めた。

今や新生日本再建の時に当りまして、国内のあらゆる方面に徹底的改革を必要とすることは多言を要しませぬ。しこうして国語問題の解決は、これらすべての改革の前提をなし、基礎をなすものであると信じます。（中略）

ことにわが国においては、漢字が複雑かつ無統制に使用されているために、文化の進展に大なる妨げとなっているのでありまして、文字改革の必要は特に大きいのであります。

こうして、戦後国語改革は漢字問題の審議から始まったのである。（注1）

(2) 標準漢字表の内容

ここで、再検討されることになった標準漢字表の内容を確認しておこう。

前章で触れたように、この漢字表は昭和一七年六月に国語審議会が議決し、文相に答申したもの

標準漢字表

部首	常用漢字	準常用漢字	特別漢字
一部	一丁七丈三上下不世丙	且丘	丕
丨部	中		
丶部	丸主	丹	
ノ部	久乘	乃之乏	
乙部	乙九乳乱(亂)	乞也乾	
亅部	事	了	
二部	二五井亞	云互亘	
亠部	亡交京	亦亭享	

図４　標準漢字表（国語審議会答申　昭和１７年６月）

である。さきに臨時国語調査会が作成した「常用漢字表」実行の状況に照らし、「時運ノ要求ニ応ジテ」選定したとされるもので、「官庁オヨビ一般社会ニオイテ使用セラルベキ漢字ノ標準」という性格付けがなされ、①常用漢字（国民の日常生活に関係が深く、一般に使用の程度の高いもの。一一三四字）、②準常用漢字（①よりも国民の日常生活に関係が薄く、一般に使用の程度も低いもの。一三二〇字）、③特別漢字（皇室典範、帝国憲法、歴代天皇の追号などに用いられた文字で①・②以外のもの。七四字）

に分けられた、計二五二八字の表である（図4）。一般に使用せらるべき簡易字体（並、乱、仮など七八字）、一般に使用して差し支えない簡易字体（仏、労、励など六四字）も含んでいる。特別漢字には「陸海軍軍人ニ賜ハリタル勅諭」や「米国及英国ニ対スル宣戦ノ詔書」の漢字も入っており、まさに「時運ノ要求ニ応ジ」た選定の感がある。

ところが、この漢字表は、結局は漢字をなくそうとするものだとか、特別漢字として「畏《かしこ》き辺《あたり》の御事をも限定し奉らんとする」ものだなどの観点から、反対派や右翼などの激しい攻撃に遭うことになってしまった。結局、文部省は、①～③の区別を廃し、一四一字増補して二六六九字とし、これを漢字制限ではなく、「概ネ義務教育ニ於テ習得セシムベキ漢字ノ標準」を示したものとして、閣議了解を経て同年一二月に発表したのである。(注2)

(3) 漢字主査委員会の設置と審議

話を戦後に戻そう。

第八回総会で南弘《みなみひろし》国語審議会会長（枢密顧問官）は、この標準漢字表が、理想から言えば不必要な漢字を時局上採用存置し、文部省で更に追加したこと、またその追加の際に国語審議会に再審議の手続きをとらなかったのはすこぶる遺憾であったことを述べ、終戦に伴って一変した時局のもとで、次官から再審議の意向を聞いて「一同欣快にたえない」と、審議への意欲を示した。

続いて同審議会の保科孝一幹事長(注3)が、教科書、官庁文書、新聞等の分野における漢字や用字用語

保科孝一（1872 ～ 1955）

の扱いに関する今後の見通し（漢字の減少、封建的伝統の否定など）を語り、連合軍司令部から文部当局に対し教科書の漢字数を一五〇〇字ぐらいにせよとの申入れがあった由だが、その申入れにしぶしぶ応ずるのではなく、独自の立場から一二〇〇字ぐらいにしたいと付け加えた。

次に、会長の提案で、標準漢字表再検討のための主査委員会の設置とその所属委員が決定された。委員は、簗田《やなだ》欽二郎《きゅうじろう》（元中外商業新報社長。第一回委員会で委員長に選出）、宇野哲人《てつと》（東京帝国大学名誉教授、中国哲学）、有光次郎（文部省教科書局長）、安藤正次《まさつぐ》（元台北帝国大学総長、国語学・言語学）、鶴見祐輔（衆議院議員）、諸橋轍次《てつじ》（東京文理科大学教授、漢学）、赤坂清七（毎日新聞編集局顧問）ら一一名の多彩な顔ぶれである。

同主査委員会の第一回（一二月一七日）に提出された資料には、標準漢字表再検討に関する目標が掲げられた。内容を要約して示すと、次のようである。

①〔選定方法〕標準漢字表の常用漢字から現代に適しないものを取り除き、今後の社会生活に広く慣用せられるべきものを準常用漢字中から加える

②〔基本姿勢〕標準漢字表選定の際における種々の制約を離れて、全くの自由な立場から新日本再建に適応する常用漢字表を選定する

③〔運用方法〕常用漢字表以外の漢字は原則として仮名書きする、など
④〔量的目安〕字数は一三〇〇字内外を目標とする

右の目標に沿い、ほぼ毎週開かれる委員会で精力的に審議が進められ、昭和二一年四月八日の第一四回委員会で、常用漢字一二九五字の決定を見た。ちなみに、この委員会の第一回から第八回までは文部省第一食堂で行われている。いかにも、この時代ならではのことである（第九回以降は文部省国語調査室、最終の第一四回は教科書局長室で開催）。

四月二三日の朝日新聞は、「易しく美しく簡素に　常用漢字が決りました」の見出しでこの漢字表について報じ、「本月二十七日の同会総会で本極りとなれば、早速文部省にこれを答申し、文部省が教育的見地からいま一応の検討を加へた上、いよ〳〵実行の段取りへ進むことになる」云々と記している。一三〇〇字弱という、大正時代以来提案されてきた幾つかの漢字表と比べて、かなり字数を絞り込んだ制限案が姿を現したのである。

朝日新聞の記事には有光教科書局長の「談」も載っている。有光は、「今回は常用標準漢字から八十八字を除き、準標準漢字から二百四十九字をとり、特別漢字は全面的に抹殺して千二百九十五字とし、三段階をとり払つて「常用漢字」一本建とした」云々と説明している。「特別漢字は全面的に抹殺」とは、戦中には口に出せない言葉であったろう。

有光次郎（1903 ～ 1995）

(4) 常用漢字表案、廃案に

「常用漢字表」の案は、昭和二一（一九四六）年四月二七日、第九回国語審議会総会の審議に付された。

この前月にはジョージ・D・ストッダード博士を団長とする米国教育使節団が一か月近く滞日し、ローマ字採用を中心とする国語改革の提案を含む報告書を、三〇日にマッカーサー元帥に提出、GHQはこれを四月七日に公表している[注4]。しかし、国語審議会においては、漢字仮名交じり文の改革に関する熱心な討議が続けられたのである。

第九回総会では、藤村作《つくる》委員（東京帝国大学名誉教授、国文学）から、漢字制限と密接な関係を持つ仮名遣いの研究はどうなっているかなど幾つかの質問があり、保科幹事長は、今後の仕事として仮名遣いの整理が必要と考え、調査中であることなどを説明した。このほか、法律方面の要求を入れてほしいという入江俊郎委員（法制局長官）、「一見してこの表では到底新聞はやっていけない」という小汀《おばま》利得《としえ》委員（日本経済新聞社長）、漢字数の制限だけでは意味がなく、音訓の整理や仮名遣いの規定も同時に発表すべきだとの山本勇造（有三）委員（作家、帝国芸術院会員）の意見もあり、次回での慎重審議を期して閉会となった。

第一〇回総会は五月八日に開かれた。前回に出された疑問に答えるべく、常用漢字表の実行に付帯して作成あるいは作成中の「字音かなづかい改定案」「国語かなづかい改定案」「漢字のよみ方整理案」など一〇の案が用意され、保科幹事長が冒頭にこれを説明した。

出席委員からは、「漢字制限の標準として、審議会がこれを示すことを世間は待っている。」（河合勇朝日新聞印刷局長）などの賛成意見が出される一方、「これだけの文字では科学技術方面は困る。」という小幡重一《じゅういち》委員（東京帝国大学教授、音響学）、「わたくしの新聞では四二〇〇字をつかっている。むりな漢字制限は実行できない。」という小汀利得委員の意見などもあり、結局この日も議決には至らず、漢字に関する新たな主査委員会を作ることを決めて、三時間弱に及ぶ会議を閉じた。戦後最初の漢字表案は、審議会内で挫折してしまったのである。

2　当用漢字表の制定

(1)　当用漢字表の審議と答申

新しい「漢字に関する主査委員会」は計一八名と、標準漢字表再検討の委員会よりも七人増やされた。有光次郎と安藤正次以外は新メンバーで、山本勇造や時枝誠記《もとき》（東京帝国大学教授、国語学）、谷川徹三（法政大学教授、哲学）らも加わり、特に、新聞・報道関係者が八名も入ったことが目を引く（標準漢字表再検討の委員会では三名であった）。同委員会は六月四日の第一回会議で山本を委員長に選出。以後、一〇月一六日まで計二三回、教科書局長室を使ってほぼ毎週開催され、各官庁、新聞社からの採用希望漢字をまとめた資料などを基に、各方面において必要とされる漢字を把握しつつ調整が進められた。一〇月一日には漢字表の名称を「当用漢字表」と決定。同一六日に行われた最後の委員会で、音訓整理はこのメンバーで引き続き行い、義務教育用漢字の選定は別に主査委員会を作って行うことなどを決めた。

昭和二一年一一月五日、国語審議会第一二回総会が文部省四階の大臣次官会議室で開催され、当用漢字表について審議が行われた。

冒頭、挨拶に立った安倍能成《よししげ》会長（前文部大臣）は、漢字の問題の重要性と緊急性を述べた後、GHQや米国教育使節団の、日本の言語改革への関心の深さを指摘した上で、「しかしながら、このような問題はわれわれ自身で解決すべきものであると確信します。」と日本の主体性を強調している。

議事においては、当用漢字表の拘束性、普及方法、表にない語を含む熟語の書き方、活字体と筆写体の関係等について論議があった。例えば、表外字「辣」を含む「悪辣」を、「悪らつ」と書くか「あくらつ」と書くかは人の好みに従わせることにより、自然に一般的なスタイルができるという山本委員長の考え方、字体の整理はできるだけ早くしたいという保科幹事長の意向、近視予防の観点から略体の活字をすすめたいという井上達二委員（井上眼科病院長）の意見などが示された。カナモジカイ常務理事の松坂《まつさか》忠則委員は、「当用」（サシアタリ）の名を嬉しく思う、一般大衆のため今後更に字数を減らすようにしてほしいと発言し、安倍会長も「その方向に進めたい。」と答えている。論議の後、当用漢字表は満場一致で可決され、同日付けで田中耕太郎文相に答申された。

(2) 当用漢字表の内容

当用漢字表は、「まえがき」「使用上の注意事項」と表とから成る。漢字数は一八五〇で、部首別に配列してある。うち、区、円、学、宝など一三一字については簡易字体が採用され、参考のため原字（區、圓、學、寶など）が括弧に入れて示されている。

「まえがき」には、「法令・公用文書・新聞・雑誌および一般社会で、使用する漢字の範囲を示したものである。」「固有名詞については（中略）別に考えることとした。」といったこの表の性格などが書かれている。「使用上の注意事項」には、この表の漢字で書き表せない言葉は、別の言葉にかえるか、または、仮名書きにする、代名詞・副詞・接続詞・感動詞・助動詞・助詞はなるべく仮名書きにする、外国（中華民国を除く）の地名・人名、外来語、動植物名、あて字は仮名書きにする、振り仮名は原則として使わない、専門用語はこの表を基準に整理することが望ましいといった、漢字制限に伴う具体的な表記の指針が書かれている。これらの考え方に基づき、「阪・伊・僕・稍・或・猫・杉」等の漢字はこの表に含まれていない（「牛・梅・鯨」等は、「牛乳・紅梅・捕鯨船」等の熟語としての使用を考えて採用）。逆に、日本国憲法にある漢字はすべて入っている。

この「当用漢字表」は、これに先立って九月の第一一回総会で答申された「現代かなづかい」と共に、一一月一六日付けで内閣告示・内閣訓令として公布された。(注5) 戦後初の国語審議会総会からほぼ一年、当用漢字表は答申後一一日で告示という迅速な運びであった。

国語審議会で主導的な役割を果たしてきた保科幹事長は次のように記している。

さきに臨時国語調査会から発表された常用漢字表は、各新聞や雑誌がその実行に協力したにかかわらず、官庁はほとんど無関心であった。本家本元の文部省が国定教科書にこれを実行しただけで、本省から発せられる法令や公用文には、なんら考慮されていなかった。しかるに、当用漢字表に対しては、新憲法およびその附属法をはじめ、その他の法令や公用文は、すべて当用漢字表によることになったので、ここにはじめて各官庁と新聞社が歩調を同じくすることになったことは、（中略）まったく画期的な事象といってさしつかえない。

（『国語問題五十年』一九四九、三養書房、二三四頁）

こうして、国民全体を対象とする戦後国語改革の具体的な第一歩が踏み出されたのである。

3　現代かなづかいの制定

(1)　現代かなづかいの答申と告示

漢字制限に際しては、同時に仮名遣いの整備が必要だと指摘する意見もあって、常用漢字表案が採決できなかった第九回・第一〇回国語審議会総会（昭和二一年四〜五月）の後、国語審議会の中に、漢字に関する主査委員会と並んで、かなづかいに関する主査委員会が発足した。(注6)委員は、六月一一日の第一回委員会で互選された安藤正次委員長以下、有光次郎、時枝誠記、山本勇造ら漢字表の委員会との兼任者や、金田一京助（元東京帝国大学教授、言語学）、藤村作など。第四回からは岩淵悦太郎（第一高等学校講師、国語学）、西尾実（東京女子大学教授、国文学・国語教育）ら八名も加わり、総勢二〇名。ほぼ毎週水曜日、九時半または一〇時から午前中、時には午後四時までにも及んで審議が続けられた。八月一四日の第九回委員会で、新仮名遣い表の名称を「現代かなづかい」と決定。九月二一日の第一二回が最終の委員会となった。九月二一日の第一一回総会で委員会の原案を採択（賛成五三、反対五）、同日文部大臣に答申され、一一月五日答申の「当用漢字表」と共に、一一月一六日に内閣告示・内閣訓令として公布された。

この仮名遣い制定の趣旨については内閣訓令に、「国語を書きあらわす上に、従来のかなづかいは、はなはだ複雑であつて、使用上の困難が大きい。これを現代語音にもとづいて整理することは、教育上の負担を軽くするばかりでなく、国民の生活能率をあげ、文化水準を高める上に、資するところが大きい。」と述べられている。この「はなはだ複雑」な「従来のかなづかい」をどうすべきかの議論は、明治以来繰り返されてきたものである。

(2) 仮名遣いに関する従来の議論と改定案

明治政府は教育上、法制上に歴史的仮名遣いを採用し、教科書や辞書などの影響を通じて一般に歴史的仮名遣いが行われるようになっていった。築島裕は、明治初期における文芸作品などには、まだ江戸時代の名残が強く残っており、仮名遣いも恣意的なものが多かったが、次第に歴史的仮名遣いが普及し、明治も末年に近くなると、著名な作家などは大体これに従う者が多くなったと述べている（『歴史的仮名遣い』一九八六、中公新書、一四四頁）。

しかし、古代の発音や古典の表記に基づいた歴史的仮名遣いは、実際生活上の発音とかけ離れた書き分けを必要とする難しさを含んでいる。例えば、かなづかいに関する主査委員会の第二回に提出された資料「かなづかい書誤り能力別調査表」（『国語運動』昭和一七年一一月号からの抜き書き）を見ると、中学一年の優等生の作文にも、「かう」「さう」「らう」とすべきところを「こう」「そう」「ろう」とする誤りが散見されることが分かる。

歴史的仮名遣いの問題点を意識し、仮名遣いを改定すべきだとする議論は既に明治の前半から行われ、文部省は、明治三三（一九〇〇）年八月公布の小学校令施行規則で、小学校教育に表音的な字音仮名遣いを採用した。例えば、同年九月冨山房発行の『国語読本　尋常小学校用　巻一』（坪内雄蔵（逍遙）著）には「とーきちろー。ぞーりを　もつ」、明治三六年八月発行の国定『尋常小学読本一』には「ラッパ　ヲ　フイテキル　ノ　ハ　タロー　デス」といった表記が見られ、長音表記に「ー」を用いたことから「棒引き仮名遣い」と俗称された。この仮名遣いは、小学校教育に限られ中学や一般社会には及ばなかったこと、和語の仮名遣いは改定されなかったこと、長音符号「ー」への違和感が大きいことなどから問題とされ、文部省は明治四一年九月に同施行規則からこの仮名遣いの表を削除し、以後の教科書の仮名遣いは旧に復した。この間、文部大臣から国語調査委員会、高等教育会議、師範学校、帝国教育会、臨時仮名遣調査委員会等に仮名遣いに関する諮問があり、それぞれ検討が行われた。その後、臨時国語調査会が大正一三（一九二四）年に「仮名遣改定案」を、昭和六（一九三一）年にはその修正案を発表し、また、昭和一七年には国語審議会が「新字音仮名遣表」を発表した。

ここまでに現れた戦前・戦中の仮名遣い改定諸案は、それぞれの方針に基づいて、表音的な書き方と歴史的仮名遣いとを組み合わせたものであったが、細部に違いがあった。案によって、例えば、「地震」には「ぢしん」「じしん」、「言う」には「いふ」「いう」「ゆう」「ゆー」、「今日」には「けう」「きよう」「きょう」「きょー」といった書き方が見られる。口語文のみに用いるか、文語文にも適用するかの方針も両様あった。

昭和二一年のかなづかいに関する主査委員会も、従来問題となってきた諸点について検討を積み重ね、「現代かなづかい」の案を確定した。第一一回総会でも、動詞「言う」の書き方、「お」の長音の書き方、助詞の「は、へ、を」などが議論の対象となった。

(3) 現代かなづかいの内容

内閣告示・内閣訓令「現代かなづかい」の内容を概観しておこう。

「現代かなづかい」は、「大体、現代語音にもとづいて、現代語をかなで書きあらわす場合の準則を示したもの」であり、「主として現代文のうち口語体のものに適用する」、「原文のかなづかいによる必要のあるもの、またはこれを変更しがたいものは除く」とされた（「まえがき」）。原文の引用や、戸籍の人名、登録商標など「変更しがたいもの」には適用しないのである。この「現代かなづかい」には、新旧の仮名遣いを対照させた一覧や、通則的な事項を並べた〔備考〕も置かれているが、最も多くの分量を割いて示されているのは、夥《おびただ》しい具体的な語表記である。

すなわち、「細則」として、「第一　ゐ、ゑ、をはい、え、おと書く。たゞし助詞のをを除く。」「第二　くわ、ぐわはか、がと書く。」以下計三三箇条が掲げられ、各々の細則に数十語の語例が付されている。例えば細則「第一」に付随して

一、ゐをいと書くもの
いど（井戸《ヰド》）　いのしし（猪《ヰノシシ》）　くわい（慈姑《クワヰ》）　あい（藍《アヰ》）　まいる（参《マヰ》る）
いる（居《ヰ》る）　いびょう（胃病《ヰビヤウ》）……〔計二四語〕

二、ゑをえと書くもの
こえ（声《コヱ》）　つえ（杖《ツヱ》）　すえ（末《スヱ》）　うえる（植《ウ》ゑる）　すえる（据《ス》ゑる）
えとく（会得《ヱトク》）　ちえ（智慧《チヱ》）……〔計一八語〕

三、ををおと書くもの
おけ（桶《ヲケ》）　おか（岡《ヲカ》）　うお（魚《ウヲ》）　とお（十《トヲ》）　おどる（踊《ヲド》る）
おしえる（教《ヲシ》へる）　しおれる（萎《シヲ》れる）……〔計一八語〕

といった具合である。
助詞の「は」「へ」の書き方については、細則の「第四　ワに発音されるはは、わと書く。たゞし助詞のはは、はと書くことを本則とする。」、「第八　エに発音されるへは、えと書く。たゞし、助詞のへは、へと書くことを本則とする。」に表れている。細則の後に、「「クヮ・カ」「グヮ・ガ」および「ヂ・ジ」「ヅ・ズ」をいい分けている地方に限り、これを書き分けてもさしつかえない。」という「注意」も置かれている。

この「現代かなづかい」を眺めると、さながら歴史的仮名遣いから新仮名遣いに移行するための〝書き換え表〟のような作りに見える。人々は、仮名遣いが変わって装いを改めた一語一語に印刷物等で接し、自分でも書いてみるという壁を越えていったのである。

なお、この「現代かなづかい」の形式や語例には、多分に臨時国語調査会の「仮名遣改定案」（大正一三年）や国語審議会の「新字音仮名遣表」（昭和一七年）を受け継いでいるところが見られる。漢字だけではなく仮名遣いについても、戦後の改革案が戦前からの積み重ねの上に成っていたことが分かる。

(4) 当用漢字表、現代かなづかいの普及

文化庁国語課に、「訓令関係その他の資料」という、昭和二〇年代の文書の写しを綴じた資料が保

存されている。その中に、文部次官から各地方長官に宛てた、昭和二一年一二月二三日付「「当用漢字表」「現代かなづかい」の実施について」（発教三号）がある。[注7] これは、法令、公用文書などがすべて当用漢字表、現代かなづかいによるようになり、新聞、雑誌等もこれに従う傾向にある中で、教育においても遺憾なく新表記体系への移行を進めるための留意点を述べ、管下各学校への通達を求めたものである。

具体的には、中等学校・国民学校共通に、漢字は当用漢字表選定の精神に従って教えることとし、当用漢字表にない漢字は読みのみ教え、書くことまで教える必要はないこと、漢字の読みを現代かなづかいで授け、考査でもなるべく現代かなづかいで書かせること、国語の時間に適当に現代かなづかいを教えること、口語体の作文は当用漢字表と現代かなづかいによることなどを指示している。また、中等学校に対しては、現代かなづかいによる新しい口語文法はその教科書ができるのを待って始め、文語法は旧仮名遣いによって行うこととしている。国民学校には、現代かなづかいの学習訓練の意味を込めて、国語の教科書を原則として現代かなづかいに書き改めさせることを指示し、ただし他教科では現代かなづかいにこだわって進度の遅れや知識習得の妨げを生じないよう注意を促している。

このような方針のもと、学校教育においても新しい表記法の浸透が図られていった。

当時高等女学校で教えていた斎賀秀夫は、「あの現代かなづかいというのはスムーズに移行できたように思います。小学校でずっと旧仮名遣いで教わってきた生徒も、ちょっと説明するだけで慣

れていった。」と語っている。[注8]

当時の社会における漢字・仮名遣いの新基準の受け止め方について、築島裕は、「一般の人々の意識としては、当時、進駐軍占領下で、激流のように押し寄せた「民主化」の波の、社会的現象の一こまぐらいにしか映らなかったであろう。」「この施策が、一般社会では当初ほとんど大きな反対も批判もなく、非常な勢いで広まり、新聞雑誌、小中学校の教科書に至るまで、「当用漢字」「現代かなづかい」が一世を風靡するに至った。[注9]」と述べている。

二　〝当用漢字表体制〟の確立

1　当用漢字別表、当用漢字音訓表の制定

現代の国語を書き表すために使用する漢字の範囲を当用漢字表として決定した国語審議会にとって、当用漢字一字一字の字体と音訓、また当用漢字のうち義務教育で教える範囲を定めるという課題が残されていた。これらのうち、教育と音訓に関する課題に取り組むため、義務教育用漢字主査委員会と音訓整理主査委員会が設置され、検討に当たった。

(1)　義務教育用漢字の選定

義務教育用漢字主査委員会は、安藤正次を委員長とする一六名。国語国文学関係その他の有識者、

報道関係者のほか、学校教育関係からは沢登《さわと》哲一《てついち》（都立第五中学校長）、滑川《なめかわ》道夫（成蹊初等学校主事）が入っている。昭和二一年一〇月から翌年八月まで三三回の委員会を開き、当用漢字別表として成案をまとめた。

この表の選定方針については、これを採択した国語審議会第一三回総会における安藤主査委員長の報告で詳しく述べられている。安藤はこの漢字表を、「将来の社会の文字生活に適応させるための教育的基礎付けをはかるための制限」と捉え、義務教育九年間の学習を目標として、学習効果や学習負担に配慮し、「多きに過ぎず少なきに失せぬことを期した」と述べている。また、読み書きともにできるよう指導することが必要なものであるかどうかについて十分に考慮を加え、「現在においてもっとも普遍的であり、かつまた将来において普遍的であることが望ましいもの」という条件に配慮したことを述べ、具体的には次のような観点から選んだとしている。

1　日常の社会生活に直接の関係をもち、一般国民に親しみ深いもの（一二東西春夏都縣（県）市村父母服米仁愛赤白木草犬魚金石など）

2　熟語構成の力が強く、それが広い範囲におよんでいるもの（「名」：人名・名物・名声…、「流」：急流・流儀・流行…　「在」：在職・在庫・現在…　など）

安藤正次（1878～1952）

3　広く世に行われている平明な熟語の構成成分で、対照的意義をあらわすそれぞれのもの（因果、公私、左右、自他、往復、収支、遠近など）

逆に、時代の主流から遠ざかっているもの（甲乙丙など）、階層的・局所的のもの（官廳（庁）、豪傑など）、専門用語にしか関係をもたないもの（俳句、窯業など）は除かれた。こうして、当用漢字別表の八八一字が選ばれた。

(2)　当用漢字の音訓の選定

漢字使用の複雑さは、字数の多さに加えて読み方の多様性によるところが大きい。音訓整理主査委員会は、山本勇造を委員長とし、当用漢字表を決めた漢字に関する主査委員会のメンバーを若干入れ替えた一五名で構成され、この問題の解決を目指して、昭和二一年一二月から翌年九月まで二九回の会議を開き、当用漢字音訓表の案を決定した。山本は二二年四月の参議院議員選挙に当選し、同時に国語審議会委員を辞任したため、安藤正次が委員長を引き継いだ。

この委員会の音訓整理の基本的な考え方は、やはり第一三回総会での安藤主査委員長報告で詳しく述べられており、それは、我が国の文字生活への適用に徹し、その簡易化・平明化を目指すことだと言える。すなわち、音訓の採否の決定は、中国での研究成果や慣用の歴史にはよらず、漢音・呉音・慣用音等のいずれであるかも大した問題とは考えない。また、「漢字は音のみを用いる」とか

「一字につき一音・一訓に限る」とかいった公式的・観念的な方法もとらない。社会での使用実態に基づき、一つ一つの漢字の音訓を一般的なものと特殊なものとに分け、一般的なものの中から基準的なものを選び出すという考え方・手順である。

例えば「喫」ならば漢音の「ケキ」ではなく慣用されている「キツ」を採る。「行」には「コウ（漢音）、ギョウ（呉音）、アン（唐音）」の三音を与える。字訓は、朝〈あした〉、戦〈おののく〉などの古訓、詐〈うそ〉、効〈ききめ〉などの解釈訓、当用漢字表で「なるべくかな書きにする」とした副詞（凡〈およそ〉など）・助動詞（如〈ごとし〉、可〈べし〉など）としての訓、今日〈きょう〉、煙草〈たばこ〉などのあて字訓は採らず、異字同訓もつとめて整理した。例えば「みる」は「見」のみに認め、「看・観・診・覧（覽）」はそれぞれ「カン・カン・シン・ラン」という音のみ。「きく」は「聞」のみに与えて、「聴（聽）」は音の「チョウ」のみとした。一方、「日（か）」、「重（え）」、「路（じ）」のように、特殊な訓であっても必要のあるものは採用した。

山本勇造（1887 ~ 1974）

このような方針に基づく整理の結果、当用漢字一八五〇字に、合計三一二二の音訓が与えられた。一音と一訓を持つ漢字が最も多く七八六字、次いで一音のみを持つものが七八五字、以下、二音一訓が九〇字、一音二訓が六四字などとなった。音訓数が最多となったのは「下」で、「カ、ゲ、した、しも、もと、さげる、くだる」の二音五訓を持つこととなった。

(3) 総会での採択と内閣告示・訓令

以上のような経緯によって作成された当用漢字別表、当用漢字音訓表は、昭和二二年九月二九日の国語審議会総会で採択され、政府は翌二三年二月一六日、「義務教育の期間に、読み書きともにできるように指導すべき漢字の範囲」、「現代国語を書きあらわすために、日常使用する漢字の音訓の範囲」として、これらを内閣告示・内閣訓令とした。

2 当用漢字字体表の制定

(1) 当用漢字字体選定の経緯

当用漢字別表、当用漢字音訓表を作成した国語審議会に与えられたもう一つの課題、すなわち当用漢字一字一字の標準字体を定める仕事は、別表、音訓表作成のそれとはいささか異なる手続きを経て行われた。

すなわち、まず昭和二二年七月、文部省に、学界、新聞関係、印刷・活字鋳造・タイプライター関係、官庁関係計二四名から成る活字字体整理に関する協議会（委員長は文部省教科書局長）が設けられ、その総会・小委員会計一七回に及ぶ審議の末、同年一〇月一〇日、成案の「活字字体整理案」が国語審議会会長に提出された。国語審議会は、この整理案を原案として審議を行うにあたり、同年一二月、同協議会との連名で、各官庁、銀行、新聞社、出版編集等の関係各方面に、同案とその説明及び質問書を送って意見を求めた。国語審議会に設けられた、字体に関する主査委員会（安藤正次を委員長とする一〇名）は、その回答なども参考に一六回の審議を行い、翌二三年五月に当用漢字字体表の案をまとめた。

字体は、活字鋳造から印刷・出版に至る業界にとって、その製品（活字や印刷物）の規格に直接関わる問題である。字体表制定に際して今回のような手続きがとられた背景には、当時の印刷関係者の間で字体統一が求められていたことがある。『国語審議会の記録』（一九五二、文部省）に収められた〔活字字体整理に関する協議会の成立〕の「趣旨」の中には、「最近印刷界では戦災その他のため活字の字母を新しく造る必要が多く、活字字体を整理統一するには好機であると考えられる」との記述がある（一三七頁）。また、安倍能成国語審議会会長は、第一四回総会（昭和二三年六月一日）における開会挨拶で、「印刷界ならびに新聞界では、かような統一的な権威ある標準を期待しているのであります。」と述べている。

当用漢字字体表は、その第一四回総会で議決、文部大臣に答申され、翌二四年四月二八日、内閣告示・内閣訓令として公布された。現在の私たちが習い覚え、日頃見慣れた漢字の字体は、この時に定められたのである。

(2) 当用漢字字体表の内容

当用漢字字体表は、当用漢字表の漢字について、字体の標準を示したものであり、その字体は、漢字の読み書きを平易にし正確にすることを目安として選定された。その背景には、漢字の点画の複雑さが国民の文字生活を困難にしており、従来の教科書や新聞・雑誌等一般社会で用いられている活字が不統一で、教育上・印刷上に支障が生じているとの認識があった。(注10) 安藤委員長は総会での報告の中で、高い教育を受けた人でも、うそ字を書いて平気でいる人の多いことを指摘し、一方、漢字を間違いなく書くために苦心している人々を「文字地獄にあがいている」と形容した。

字体の選定に際しては、異体の統合、略体の採用、点画の整理などが行われるとともに、筆写の習慣や学習の難易が考慮され、印刷字体と筆写字体とをできるだけ一致させることが建て前とされた。活字字体と筆写字体の隔たりの大きさも、社会生活上・教育上の悩みの種と認識されていたのである。

字体の選定に当たり、従来二種類以上の形のあった中から一つを採用した例には「効・效→効」「略・畧→略」「冊・册→冊」などがある。従来、活字としては普通に用いられていなかったものを採用した例には「兒→児」「晝→昼」「縣→県」「疊→畳」などがある。「半→半」や「羽→羽」のように画数は変えず点画の方向を変えたもの、「歩→歩」のように画数を増やして他の字（少）と形をそろえたものもある。従来どおりの形の字も多く、当用漢字一八五〇字のうち約六〇〇字(注11)に整理が施されたとされている。

この表は、当用漢字表の配列に従い、一字一字が幅の変化のない細い線で書かれたものであった（図5）。これらは明朝体・ゴシック体等の活字字体の基になる形であり、筆写（楷書）の標準とする

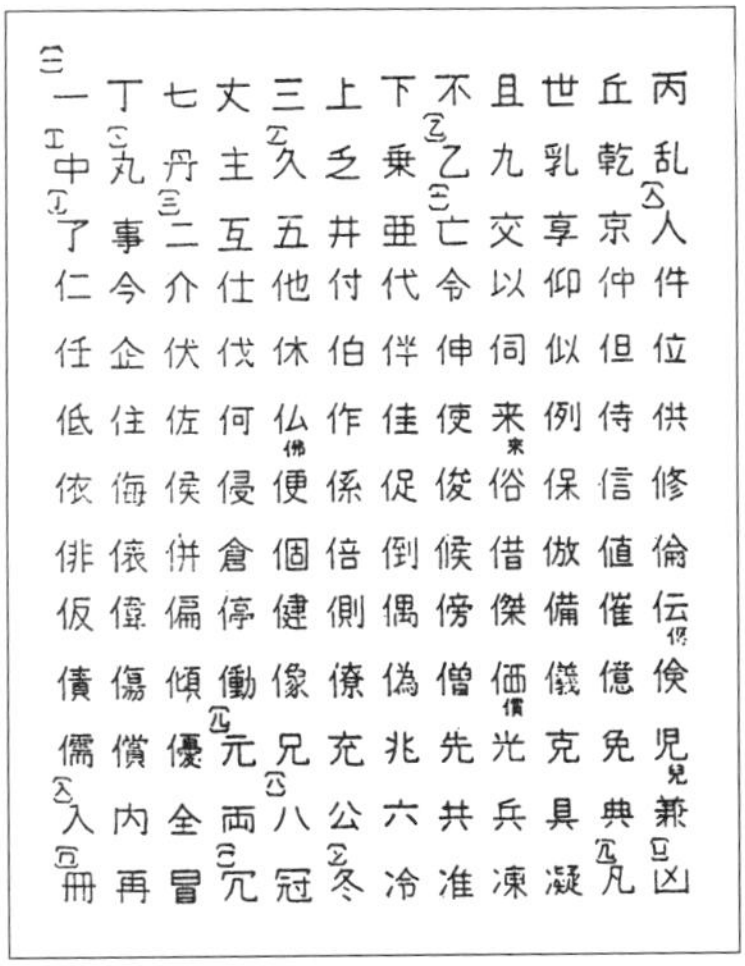

図5　当用漢字字体表

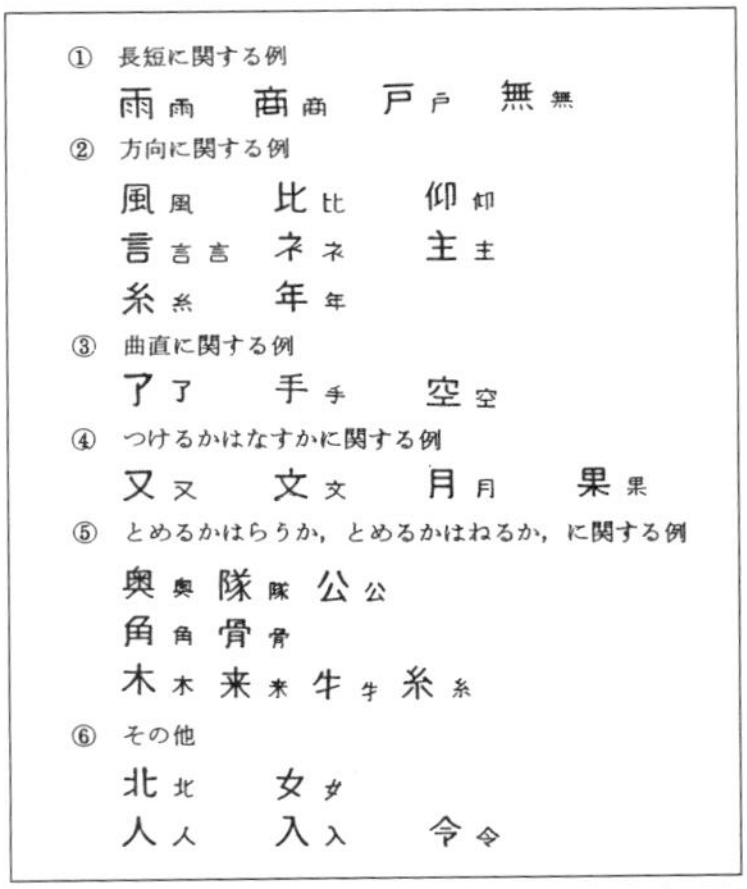

図6　当用漢字字体表〔使用上の注意事項〕

際には、点画の長短・方向・曲直・つけるかはなすか・とめるかはね又はらうか等について、必ずしも拘束しないものがあるとして、その主な例を〔使用上の注意事項〕に掲げた（図6）。手書きの字形に幅を認めるこの注意事項の考え方は、後の常用漢字表においても「字体についての解説」の中で発展的に継承されており、教育上も十分留意する必要のある事柄である。

3 〃当用漢字表体制〃の確立と国立国語研究所の設置

別表、音訓表に続く字体表の制定により、当用漢字表の範囲内で漢字を用いて国語を書き表し、社会生活上の意思疎通を図り、教育を行うための体制的基盤が一通り整った。これは、明治以来の国語改革運動史における一つの画期であり、国語調査委員会、臨時国語調査会から国語審議会が引き継いできた仕事の大きな一区切りでもあった。

当用漢字字体表を採択した総会の最後に、文部省の有光次郎次官と安倍会長は共に、（国語審議会発足以来）十数年来の懸案がこれで一通り解決したことを述べ、安倍会長は「国語に関心をもつ教養ある人、専門家を集めて、これらのことを決定したことは、日本の今の文化のありさまと、将来にとって、ふさわしい仕事であった。」との評価を示した。そして、これを機会に会長を辞する意向を表明した。

もう一つ、国語政策の体制にとって画期的な出来事がこの時期にあった。

話は少しさかのぼって、現代仮名づかいを決定した第一一回総会（昭和二一年九月二一日）。国語審議会は左の決議案を採択し、文部大臣に建議している。

国語審議会は、国語国字問題の重要性にかんがみ、大規模の基礎的調査機関を設けて、その根本的解決をはかられんことを望む。

国語改革の基礎を堅固にするための有力な専門的研究機関の必要性は、明治以来指摘されていた。戦後、改革の気運の高まりとともに国語研究機関設置の要望も強まり、国語審議会でもこの決議が行われたのである。翌昭和二三年八月の第一回国会開会中には、安藤正次（国民の国語運動世話人）、古垣鉄郎（日本放送協会専務理事）ら六名による「国語国字問題の研究機関設置に関する請願」が衆参両院で採択された。これらを受けた文部省は、創設委員会を設けて研究所の設立準備を進め、国立国語研究所設置法案が、同年一一月に衆参両院で可決、一二月二〇日に施行されて、国立国語研究所が正式に発足し、翌二四年一月には西尾実が初代所長に任命された。

国立国語研究所が科学的な調査研究によって基礎資料を提供し、国語審議会がそれに基づいて政策を立案し、文部省国語課が行政的な実行に当たるという、国語政策の〝三位一体〟の体制が出来上がったのである。

西尾　実（1889～1979）

同研究所は、当初、明治神宮聖徳記念絵画館の一部を借用していたが、その後、昭和二九年に千代田区神田一ツ橋へ、昭和三七年に北区西が丘へ、平成一七（二〇〇五）年には立川市緑町へと移転し、組織改編・設備充実を伴いながら活動を展開していく。

4 「中国地名・人名の書き方の表」の建議

昭和二四（一九四九）年四月に当用漢字字体表が内閣告示となり、国立国語研究所も本格的に活動を始めて、我が国の国語政策は次の時代へと向かう。戦後、次々に改革を打ち出しながら、自らの存在根拠を昭和九年の勅令「国語審議会官制」に置いていた国語審議会も、改組の季節を迎えることになる。これについては次章で扱うことにする。

この改組への審議と並行して、国語審議会は中国地名・人名の書き方の基準作成を進めた。日本語表記の中で興味深い位置を占めるこの問題に、若干触れておこうと思う。

当用漢字表・同音訓表の範囲内で国語を書き表そうとする新表記が推進される中、外国由来のものではあるが、多くの表外字を含む中国の地名や人名の表記についても新たな基準を定める必要があると考えられた。また、既に報道関係において、朝日・毎日・読売の各新聞社、共同通信、放送協会の五者で「かな書き中国地名人名一覧」（昭和二二年九月三〇日）を決定していたので、これを原案として国語審議会の審議に乗せることとなった。

国語審議会は、昭和二三年一一月から二四年六月にかけ、中国地名・人名の書き方に関する主査委員会や、総会での審議、また各省庁や報道関係者等との懇談・協議を通じて案を煮詰め、二四年七月三〇日の第一七回総会で「中国地名・人名の書き方の表」を議決、高瀬荘太郎文部大臣に建議した。この時期の会長は安藤正次、主査委員長は中国思想・哲学の原富男[注12]であった。「中国地名・人名の書き方の表」は、初めに、

1　中国の地名・人名は、かな書きにする。
2　中国の地名・人名のかな書きは、原則として現代の中国標準音による。

という方針を示している。以下、まえがき、使用上の注意事項と、表とから成り、表は、図7のように、ローマ字・片仮名・漢字を並べたものである。まえがきでは、四声や語頭における有気・無気の別などは書き分けないとし、使用上の注意事項では、「省・県」「山・山脈・湖」などを漢字で書くとして、チヤンスー省（江蘇省）、クンルン山脈（崑崙山脈）、ヤンツー川（揚子江）、ホワン川（黄河）《江・水・河は川に統一》などの例を挙げている。日本人に発音できる範囲、理解しやすい形での現地音主義をとったものであり、国語国字の平易化、並びに「隣邦への理解と親しみを深める」[注13]という趣意に立っている。

この表は内閣告示とはされなかったが、『地名の呼び方と書き方《社会科手びき書》』（一九五九、文部省）などを通じて学校教育に取り入れられた。ただ、教科書や地図帳では漢字を併記するのが一般的であり、新聞界は、現在では漢字書きを主とするようになっている。漢字での目慣れや日本流の音読みでの馴染みがある中国の固有名詞の表記は、漢字・片仮名併用が定着し、読み方も、日本

1	a	A	アー	阿
2	ai	AI	アイ	愛隘藹埃
3	an	AN	アン	安鞍庵岸
4	ang	ANG	〃	昂
5	ao	AU	アオ	鰲澳
6	cha	JA	チャー	札渣閘乍搾
7	ch‘a	CHA	〃	茶叉挿岔察
8	chai	JAI	チャイ	宅寨斎翟債
9	ch’ai	CHAI	〃	柴
10	chan	JAN	チャン	展湛詹占站
11	ch’an	CHAN	〃	禅
12	chang	JANG	チャン	張璋章彰丈
13	ch,ang	CHANG	〃	昌長常場暢
14	chao	JAU	チャオ	昭兆趙肇晁
15	chao	CHAU	〃	超朝潮巣

図７　中国地名・人名の書き方の表

語での音読みと原音を写した読み方が適宜使われている（例：黒竜江《こくりゅうこう》、上海《シャンハイ》、ハルビン（哈爾浜）、毛沢東《もうたくとう》）。

　当用漢字表は、中華民国を除く外国の地名・人名を仮名書きにする方針をとっていた（「使用上の注意事項」）。「中国地名・人名の書き方の表」は、これを一歩進めて中国の地名・人名も仮名書きにする方針を提案したが、一般には普及しなかった。理念による改革が、慣用を突破できなかった例である。

　ちなみに、中国では一般に日本の地名・人名を漢字の中国語読みで読んでおり、ドンジン（東京）、ダーバン（大阪）、ピンシャンイューフー（平山郁夫）、シャオズージャンアル（小澤征爾）」など、原音とは似ても似つかぬ発音となっている。音ではなく文字を橋渡しとする「同文」の国同士ならではの文化現象である。

注

1　本文に引用した「文部大臣あいさつ」（次官代理）の、引用部分の前段には次のようにある。

　本会に対しては、かねて国語の統制に関する件、漢字の調査に関する件、かなづかいの改定に関する件、文体の改善に関する件の四件について、諮問いたしておりましたところ、今日まですでに漢字字体整理案、標準漢字表、新字音かなづかい表、国語の横書きに関する件について答申を得ており、各位の御努力により相当の成績を収めておりますことは、喜びにたえぬところであります。

すなわち、敗戦を隔ててはいるが、この漢字問題の審議は戦前・戦中からの流れの上にある。昭和一〇年の大臣諮問に基づき、時代の変化に応じて審議しているという形である。

2　標準漢字表に対する反対派の動きについては、平井昌夫『国語国字問題の歴史』（一九四八、昭森社）に詳しい紹介がある（三四四〜三五七頁）。

3　「幹事長」は、国語審議会の設置根拠である「国語審議会官制」（昭和九年一二月二一日　勅令第三三一号）が昭和一六年五月に改正された際に設けられた。改正同官制第八条は、「幹事長ハ会長及副会長ノ指揮ヲ承ケ庶務ヲ掌理ス」と規定している。同官制は、国語審議会に、会長、副会長、委員（四〇名以内）及び臨時委員のほか、調査や庶務に従事する者として幹事長、幹事、書記を置くことを定めている。幹事長は他の幹事を指揮し、国語審議会の庶務を統括した。

4　報告書の提出および公表の日付は、茅島篤氏の御教示による。文献により、若干のずれが見られる。

5　「告示」は、公の機関が、決定した事項などを広く一般に知らせる方法の一つで、その内容が法令に基づく指定・決定などである場合には法令の補充としての意味を持つが、その他の場合は単に公示するにとどまる。国語施策としての内閣告示は、政府の意思として国語施策の内容を告示し、関係分野に協力を求めるものである。法令に基づくものではないので、一般国民に対し法的な拘束力を持つわけではない。「訓令」は上級官庁が所管の下級官庁に発する命令である。国の国語施策に対して各分野に協力を求める以上、各行政機関が率先して実行するのは当然であるので、内閣が各行政機関にその旨を指示するため、告示とは別に発する。「当用漢字表」「現代かなづかい」以降、平成三年の『外来語の表記』に至るまで、表記に関する戦後の国語施策は、内閣告示・内閣訓令の形をとって実施された。

6　本書では、一般には「仮名遣い」と表記し、固有名詞や引用の場合は「かなづかい」「仮名遣」など、元の表記に従う。同様に、「送り仮名」の場合も、「送りがな」「送仮名」など、元の表記に従って書く場合がある。

7　国語課に保存されているのは、文書を忠実に書き写したと思われる手書き、謄写版印刷のものであり、現物は未見である。なお、文部大臣官房総務課が編集した『終戦教育事務処理提要　第四集』（昭和二五年三月）には、同じ「「当用漢字表」「現代かなづかい」の実施について」という標題と「発教三号」の文書番号を持つ、文部次官から官公私立大学高等専門学校長、教員養成諸学校長に宛てた文書（昭和二一年一一月一六日付け）が採録されている。こちらは、国語課保存文書の前書き部分とほぼ同文で、具体的な指導法を記した部分はない。

8　座談会「戦後国語施策の出発――昭和二十年代を振り返る――」（『国語施策百年の歩み』二〇〇三、文化庁）。斎賀秀夫は、後に国立国語研究所言語計量研究部長、大妻女子大学教授などを務めた。

9　「戦後五〇年の国字問題――仮名遣いに関する施策を中心に――」（『文部時報』一九九六・五）

10　第一四回総会における挨拶の中で、安倍会長は次のように述べている。

従来試みられた字体整理の案は、あるいは教科書だけに、あるいは新聞だけに実行されたにとどまり、全国民的な規模において標準となったものではありませんでした。それゆえに教育上・印刷上、あるものは新聞を、あるものは康煕字典を、あるものは説文をというようにまちまちな標準をとって漢字を書くこととなり、いよいよ文字生活を複雑なものとして来たのであります。

11　武部良明『日本語の表記』（一九七九、角川書店）による。

12　国語審議会の名簿によれば、原は、昭和二三年一一月は大東文化学院教授、二四年一一月は専修大学教授。

13　報道五社「かな書き中国地名・人名一覧」作成の趣旨の一部。第一五回国語審議会総会における、「中国の地名・人名の書き方に関する漢字主査委員会の審議経過報告」（原富男委員長）に引用されている。

第二章　民主社会の基盤整備

一　国語審議会の改組と新生第一期国語審議会

1　国語審議会の改組

国語審議会の改組が実施された。新発足の国立国語研究所と、文部省国語課、国語審議会の三者協力体制を念頭に置き、二四年五月の文部省設置法制定（同年六月一日施行）に伴って、国語審議会も新たに出発することとなったのである。

国語審議会の改組は、同審議会の第一五回総会（昭和二四年三月一二日）で議題とされ、改組のための委員会を発足させることが決まり、安藤会長が委員一二名を指名した。

早くもその六日後の一八日には、国語審議会の組織運営等の刷新に関する委員会の第一回が開催された。そこで承認された「第1号議案」には、改組の理由や目標、手順などが書かれている。「理

由」二点を一部要約して述べれば、

① 発足した国立国語研究所による基礎的な調査研究の進行に伴い、学界や一般社会から十分な支持と協力を得つつ、国語改良施策が十分かつ慎重に立案、審議される必要がある。

② 国字国語の整理統一、国語教育の振興等、国民の言語生活の向上のために必要な事項は、国民の健全な良識を代表する民主的な機関が調査審議すべきであるが、現在の国語審議会は、単に文部大臣の諮問機関であるに止まっている。

ということである。これらの理由により、改組の「目標」は次のように定められた。

① 国語改良の施策案が、社会各層の支持を得、国民全部の協力を得ることを目標とし、それを立案審議する機関として、現在よりもいっそう強力な委員会にする。

② 官僚臭を脱却した民主的な委員会としての実質をそなえた委員会にする。

③ 右の目標を具体化するために

イ 単なる諮問機関であるという以上に、自発的な機能をもつようにする。そのためには官制を改める。

ロ 委員の構成を改め、学界及び政治・経済・産業・教育・文化等各界の代表者並びに有識者を合理的規準により新たに選出する。

三月二三日の第二回委員会では、改組後の新機関の名称や委員選出分野などについて話し合った。名称については、「国語調整審議会」（土岐善麿《ぜんまろ》委員）、「国語刷新審議会」（松坂忠則委員）、「国語問題審議会」（時枝誠記委員）などの案が出されたが、結局、改名せず内容のみ十分刷新することに決した。

四月一八日の第一六回総会では、安藤会長からこの委員会の審議経過報告があり、新たに制定される「国語審議会令」の案について逐条審議を行った後、改組案実行のための国語審議会改組小委員会委員一〇名を投票で選出した（委員会には、これに会長、副会長と、オブザーバーとして衆参両院から国会議員二名が加わった）。

同小委員会は、学術、教育、出版報道、評論・文芸、国語運動、産業、官庁、国会、その他の各分野から新委員の推薦母体を選び、各々に推薦を依頼した。これに応じて候補者を推薦してきた団体は、日本学術会議、教育刷新委員会、新聞協会、日本文芸家協会、国民の国語運動連盟、経済団体連合会、農業復興会議など計二二団体で、[注1]この中には日本教職員組合や全日本産業別労働組合会議といった労働者団体も含まれる。

団体からの推薦を受けた国語審議会は、改組小委員会で候補者一人一人について審議し、会長から文部大臣に推薦すべき四八名を選んだ。[注2]文部省では各人に就任交渉を行い、公職適格審査その他所定の手続きを経て新委員が決定した。

以上のように、新しい国語審議会は、極めて民主的な手続きによって発足した。こうして、昭和九年以来の官制（勅令）に基づく国語審議会は、文部省設置法に基づき、国語審議会令（政令）の定めるところによる、自発性を備えた建議機関として生まれ変わったのである。

2　第一期国語審議会の概要

文部省設置法に基づく新しい国語審議会は、昭和二四（一九四九）年一一月一〇日の第一回総会から活動を開始した。投票により、歌人で国文学者の土岐善麿委員（早稲田大学講師、都立日比谷図書館長）を会長に選出、二五年六月に「国語問題要領」（いわゆる国語白書）を取りまとめたのを手始めに、二七年四月までの第一期の任期間に、左の五つを文部大臣等に建議している。これらのほか、話し言葉やローマ字（教育、分ち書き等）についての部会報告もまとめられた。

土岐善麿（1885～1980）

・法令の用語用字の改善について　（二五年一一月　文部大臣、法務総裁あて）
・人名漢字に関する建議　（二六年五月　文部大臣、

法務総裁あて）
・公用文改善の趣旨徹底について　（二六年一〇月　内閣総理大臣、文部大臣あて）
・公用文の左横書きについて　（二六年一〇月　内閣総理大臣あて）
・これからの敬語　（二七年四月　文部大臣あて）

この間、二五年四月にローマ字調査審議会を統合し、国語審議会の中にローマ字調査分科審議会を設けた。これは、各省庁の審議会を整理統合する動きの一つで、類似の事項を扱う両審議会を一つにまとめたのである。二五年四月、新たに公布された国語審議会令は、同審議会の所掌事務について、

一　国語の改善に関する事項
二　国語の教育の振興に関する事項
三　ローマ字に関する事項

の三事項を調査審議し、これらに関し必要と認める事項を文部大臣及び関係各大臣に建議することと規定している。右の三事項は、平成一三（二〇〇一）年一月に国語審議会が廃止されるまで引き継がれた。

3 「国語問題要領」（国語白書）の作成

(1) 「国語問題要領」作成の経緯

第一期国語審議会は、第三回までの総会を自由討議にあて、当用漢字表の補正、学術用語、用字や横書き等の表記法、話し言葉、外来語、審議会の運営方法など多岐にわたって意見交換を行った。その間の議論はかなり拡散的で錯綜したものであり、委員間の考え方の違いもあらわになった。第三回総会では、審議会の運営や施策の実施方法について持論を繰り返す時枝誠記委員に対し、緒方富雄委員（東京大学教授、医学）が、「すでに三回も聞かされてうんざりしている。新しい話題に移っていただきたい。」と述べる一幕もあった。

中島健蔵（1903 ～ 1979）

その第三回総会（昭和二五年一月三〇日）で、中島健蔵委員（東京大学講師、日本著作家組合書記長）から、「国語の実状と、問題の所在をはっきりさせ、それに対してどんな対策があるかを明らかにするために、「国語問題白書」を作りたい。いたずらに議論を往復させないためには、問題を列挙してみることが必要だ。」との発言があった。同総会で、国語問題白書の部会のほか、話しことば、敬語、公用文法律用語、漢字の四部会を設けることを決め、まず白書部会で中島委員の発言にあるような事項をまとめてから、それを踏まえて他の四部会が審議を始めることとし、各部会の所属委員も決定した。

白書の第一草案は中島委員が作成し、会長以下一〇名の白書作成部会と総会との往復の中で、内容や一字一句の表現にまで及ぶ吟味が重ねられた。第七回総会（昭和二五年六月一二日）でその第六草案「国語問題要領」が可決・承認され、パンフレット・新聞・ラジオを通じた有効な発表方法についても話し合われた（同日、「要領」は文部大臣に報告された）。また、同「要領」の可決に沿って、同月中に四つの部会が活動を開始した。

(2)「国語問題要領」の内容

出来上がった「国語問題要領」の内容項目は左のとおりで、B六判一三ページの小冊子に収まった簡潔なものである。

1　国語審議会の性格と任務

2　国語の現状の分析

(1)　国語を用いるもの　(2)　国語の教育　(3)　用　語

(4)　発　音　(5)　語法および文体　(6)　表記法

3　国語問題の歴史的展望

(1)　国字改良の意見とその実行　(2)　国語政策の実施　(3)　口語文と話しことば

4　国語に関する諸機関

5　国語問題審議の基準

1では、歴史的事情によって複雑化した我が国語について、国語審議会が、その改善の努力に適正な方向を与え、助成して、国語の改善、国語教育の振興を図る使命を持つのだとしている。2では、(1)〜(6)の各々における問題点を列挙（(1)は「国語の使用者」の意）、3は明治以来の国語改良運動や国語政策の要約的な記述、4は国語審議会、国立国語研究所、文部省調査普及局国語課の仕事のごく簡単な説明である。

5で挙げられた、国語審議会が任務を尽くすにあたり、国語の理想的な在り方について考慮すべき点の要点は次のとおりである。

①　義務教育を容易にし得るか。

②　一般の言語生活、特に文字の使用・理解を能率化できるか。

③　公衆に対する言語として適用できるか。

④　文化の創造や継承に、どんな影響を与えるか。

国語審議会は、右のような諸条件のもとに、議題を定めつつ部会や総会で討議していくのである。「議決の結果は、その実施を政府に建議するばかりでなく、広く世論に訴え、一般社会の協力による文化運動として強く推進してゆかなければならない。」という一文で、この「国語問題要領」は締め括られている。

(3)「国語問題要領」の意義

この「要領」について、起草者の中島健蔵は、「これは、審議会委員の心おぼえのための要領である。しかし、国民全体の注意を呼び起すために、広く読まれることが望ましいのである。」と記している。(注3) また、当時、調査普及局国語課文部事務官だった塩田紀和は、「『国語問題要領』成立の社会的基礎について」(注4) において、ヨーロッパと日本の言語問題を併せ論じ、「貴族的」「国家的」「社会的」の三種の国語改良説の葛藤を踏まえ、「国語問題要領」は、その三説の立場の「いずれにも共通に問題となる線を確定しようとした」ものだとしている。文部省担当課員が広報誌上で高踏的に論を展開するのは、今日の目から見ると異色であるが、彼は要するにこの「要領」を、「国語審議会の各委員の最大公約数であると同時に、明治以来くりかえし論議されて来た国語問題の全体についての国民的意見の最低ベースである」と位置づけている。中島の言葉と併せ、委員・事務局ともに、同「要領」を国民と一緒になって考えたい国語の基本問題をまとめたものと認識していたことが分かる。

『国語学大辞典』(一九八〇、東京堂出版)の「国語問題要領」の項で山田俊雄は、「全体に万遍なくきわめて簡略に記述してあるので、迫力に乏しく、一般に対してどれほどの効果を与えたかは疑わしい。」と、この「要領」を評している。しかし、自主性を備えた建議機関としての国語審議会の新たな出発に際し、委員たちが、自らの手で問題を正面から受け止め、課題を整理したことに意義が認められる。

以下に記すように、「要領」の整理を受けて直ちに各分野の審議が行われるが、この第一期ばかりでなく次期以降の国語審議会でも、「要領」が資料として配布されたり、論議の中で引き合いに出されたりしていく――そういう、論議の出発点としての役割を演じていくのである。

4　法令・公用文の改善と人名用漢字の選定

(1)　法令・公用文に関する建議と通知

法のもとに人々が生活し、法に基づいて政治が営まれる法治国家にとって、国民が読みやすく、理解しやすい形で法令を整備していくべきことは当然である。また、行政の情報を伝える公用文が人々にとって分かりやすいものであるべきことも当然である。

近代日本において、難解な文語体のそれらを平易にすべきだとする主張は戦前にも行われ、内閣訓令「法令形式ノ改善ニ関スル件」（大正一五年六月一日）も出されたが、全体として平易化はなかなか進まなかった。また、一般の表記の傾向とは異なり、多くは漢字片仮名交じりであった。戦後、憲法草案（昭和二一年四月一七日）が漢字平仮名交じりの口語体とされたのを皮切りに、公用文平易化への動きが国家的・組織的に展開され、(注5)国語審議会でも検討されることとなった。

改組後第一期の国語審議会は、法令・公用文に関し、「法令の用語用字の改善について」「公用文改善の趣旨徹底について」「公用文の左横書きについて」の三つを建議した。

ア「法令の用語用字の改善について」

第一期国語審議会の公用文法律用語部会（中村宗雄部会長〈早稲田大学教授、法学〉以下一〇名）は、まず、昭和二五（一九五〇）年一〇月に「法令の用語用字の改善について」をまとめた。これは、「法令の用語用字の平易化および統一のため、法務府が中心となり、すみやかに審議機関を設ける等適当な方法で、次にかかげるような事項につき調査研究することを希望する。」として、一一の具体的事項を掲げたものである（法務府は、法務省の前身）。

例えば、「法令の用語が同一の意味をもちながら、法令によって異なる場合にはこれを統一する」〔例：対審（憲法）公判（刑事訴訟法）口頭弁論（民事訴訟法）〕、「新法令を制定公布し、または法令を改正するにあたっては、法律術語はもちろん、法律術語でないことばも、努めて通俗平易にする」〔例：「抽籤」は「くじ引き」「欺瞞する」は「だます」「注瀉する」は「そそぐ」〕、「法文の言いまわしは、平易な口語体にする」〔例：「婚姻の取消はその効力を既往に及ぼさない。」（民法七四八条）は「結婚の取消の効力はさかのぼらない。」〕といったものである。

国語審議会は第八回総会（昭和二五年一〇月三〇日）でこの案を採択し、文部大臣及び法務総裁に建議した（同年一一月七日）。

イ「公用文改善の趣旨徹底について」と「公用文の左横書きについて」

その後、公用文法律用語部会は翌年九月までに「公用文改善の趣旨徹底について」と「公用文の左横書きについて」を取りまとめ、それらは第一二回総会（昭和二六年一〇月二三日）で採択され、前者は内閣総理大臣と文部大臣に、後者は内閣総理大臣に建議された（同年一〇月三〇日）。

「公用文改善の趣旨徹底について」の別冊「公用文作成の要領」は、翌二七年四月四日付けで内閣官房長官から各省庁事務次官あてに依命通知された。内容は、「まえがき」「第1 用語用字について」「第2 文体について」「第3 書き方について」「付録 公用文の「送りがな」用例」から成る。「第1」のうち「用語」に関する事項は、「特殊なことばを用いたり、かたくるしいことばを用いることをやめて、日常一般に使われているやさしいことばを用いる。」（例：「稟請→申請」「充当する→あてる」）に始まる七項目である。「用字」に関する事項には、当用漢字表・同音訓表を使用するにあたっての留意事項と、それらの表で書き表せない語の書き換え・言い換えの仕方（例：遡る→さかのぼる　右舷→右げん）などが、具体例を添えて書かれている。文体、書き方に関する項目も含め、全体として、「公用文を、感じのよく意味のとおりやすいものとするとともに、執務能率の増進をはかる」という趣旨を具体化している。

この「要領」は、常用漢字表制定（昭和五六年）に伴う改訂を経たものが、今日も参照されている。「第3　書き方について」の「注」の中に、「句読点は、横書きでは「，」および「。」を用いる。」という一項があり、これが、今日の公用文や横書きの教科書に見られる「，」使用の根拠とされるものである。

「公用文の左横書きについて」は、政府の方針にもかかわらず満足に進まない公用文の横書きについて、「できるだけ早く公文書の横書きの実施期を具体的に決定して、官庁事務の能率化をはかる処置をとられるよう」内閣総理大臣に要望したものである。その別冊「公文書の横書きについて」には、文書の左横書きを「すでに全面的に実施している」団体等が一八・〇パーセントにとどまり、「一部実施している」ところが三九・六パーセントで最も多く、「ぜんぜん実施を考慮していない」という回答も一四・五パーセントあるといった、省庁、地方公共団体、民間団体などの実施状況調査（昭和二六年五月）の結果も載せている。始発期の唱道者の苦しさが窺われる数値である。

(2)　人名用漢字の選定

従来、使用漢字に制限のなかった人名について、昭和二三（一九四八）年一月一日施行の戸籍法が「子の名には、常用平易な文字を用いなければならない。」と規定し、同法の施行規則は、常用平易な文字の範囲を当用漢字と片仮名・平仮名（変体仮名を除く）と定めた。当用漢字表の「まえがき」は、「固有名詞については、法律上その他に関係するところが大きいので、別に考えることとした。」

呂晃猪胤鯉
吾昌爾肇駒
只敦熊聡馨
卯悌淳惣須
匡彦浩綾靖
伊弥毅穣鎌
仙弘欽稔錦
亮庄欣禎酉
亨巳橘禄郁
亦巌楠祐辰
亥尚桐磯輔亀
亙寅桂磨蝶龍
也宏杉睦虎斉
之奈朋甚蘭麿
乃圭暢瑞藤鹿
丞嘉智琢蔦鶴
丑哉晋玲艶鯛

図８　人名用漢字別表（昭和26年）

としていたが、戸籍の法令も、漢字使用の基準に当用漢字表を採用したのである。

これに対し、反対論や訴訟も起こり、国会でも審議された。国語審議会は国語政策の立場からこの問題を取り上げ、固有名詞部会（宮沢俊義部会長〈東京大学教授、法学〉以下一四名）が、従来人名に用いられることの多かった漢字を資料として審議し、当用漢字表以外に人名に用いても差し支えないと認めた九二字の表（図８）を作成した。子の名も当用漢字表の範囲で付けることが望ましいが、社会的慣習や特殊事情を考慮して選定した、というのが審議会のスタンスである。昭和二六（一九五一）年五月一四日の第一一回総会でこれを採択、法務総裁および文部大臣に建議し、政府は同月二五日、「人名用漢字別表」の名称で内閣告示・内閣訓令とした。

人名用漢字はその後、追加が繰り返され、昭和五六（一九八一）年には所管が法務省に移って戸籍法施行規則の別表となり、特に平成一六（二〇〇四）年に大幅に追加されて一〇〇〇字弱の規模にまで拡大するという流れをたどることになる。

5 「これからの敬語」の提唱

⑴ 「これからの敬語」の審議と建議

第一期国語審議会の最終総会（第一四回、昭和二七年四月一四日）で、敬語部会（金田一京助部会長以下九名）から提出された「これからの敬語」が議決され、同日付けで天野貞祐文部大臣に建議された。

「国語問題要領」は、「敬語法があまりにも複雑であり、特に人に関する代名詞の種類の多いことは、戦後しばしば問題になった。」とし、その原因の一端に「社会生活と言語とのずれ」を指摘していた。敬語部会の最初の審議資料（金田一委員提出）の表題は、「敬語は有用か無用か」であった。敬語の存在の根本的問い直しから出発したのである。

具体的には次の三説が検討された。

1 敬語法は日本語の美しい特徴であるから、これからもぜひ保存していかなければならない。

2 日本語の敬語法は封建時代の遺習であるから、これからの民主主義の世の中では、当然、清算すべきものである。

3 敬語法は尊敬感情の現れである。民主主義の基本は個人が互に他の個人を尊敬することにかかっているから、これからの世の中にも、ある程度の敬語は有用である。

検討の結果、右の「3」の説に基づいて審議を進めることに決定した。

「これからの敬語」の建議後に刊行された『これからの敬語 解説(注6)』の序において、金田一は、「敬語は日本語の特性のひとつであり、これを適正に用いる会話のよさは、国語表現美の極致である。」と、敬語を積極的に評価した上で、「ただしこれまでの敬語は、ながい間に養われた古いしきたりで、そのままでは、これからの世にそぐわなくなってきた。そこで、「これからの敬語」は、これからは、こうありたいと考え定めた国語審議会案の要旨である。」と述べている。「これからの敬語」は、民主主義社会と敬語の接点を「尊敬感情」に求め、国語審議会の考える新時代の敬語の在り方を提示したのである。

金田一京助(1882～1971)

(2) 「これからの敬語」の内容

「これからの敬語」は文部省作成の小冊子で一〇ページ余りの簡潔なもので、次のような構成をとっている。

まえがき

基本の方針

1　人をさすことば

(1)　自分をさすことば　(2)　相手をさすことば

2　敬称

3　「たち」と「ら」

4　「お」「ご」の整理

(1)　つけてよい場合　(2)　省けば省ける場合　(3)　省くほうがよい場合

5　対話の基調

6　動作のことば

7　形容詞と「です」

8　あいさつ語

9　学校用語

10　新聞・ラジオの用語

11　皇室用語

12　むすび

「まえがき」で、この小冊子は「日常の言語生活における最も身近な問題」を取り上げたとし、「基本の方針」では、これからの敬語は、旧時代に発達した煩雑な敬語の「行きすぎをいましめ、誤用を正し、できるだけ平明・簡素にありたい」こと、上下関係ではなく、「各人の基本的人格を尊重する相互尊敬」の上に立つべきことなどを述べている。

「人をさすことば」や「敬称」などの項目には、「標準」を形として示そうとする姿勢が明確に表れている。「自分をさすことば」は「「わたし」を標準の形とする。」として、「わたくし」は「あらたまった場合の用語」、男子学生の「ぼく」については、「社会人となれば、あらためて「わたし」を使うように、教育上、注意をすること。」とあり、「「じぶん」を「わたし」の意味に使うことは避けたい。」とも言っている。「相手をさすことば」は「あなた」を標準の形とし、手紙の「貴殿」「貴下」なども「これからは「あなた」で通用するようにありたい。」とする。「きみ」「ぼく」は「親しい間がらだけの用語」、「おれ」「おまえ」も「しだいに「わたし」「あなた」を使うようにしたい。」と述べている。「敬称」は「さん」を標準の形とし、「さま（様）」は主として手紙のあて名に使い、「将来は、公用文の「殿」も「様」に統一されることが望ましい。」としている。

「「お」「ご」の整理」では、まず、「つけてよい場合」として、1)相手の物事を表す「お帽子」「ご意見」など、2)真に尊敬の意を表す場合の「先生のお話」など、3)慣用が固定している「おはよう」「ごはん」など、4)相手に対する物事である関係上、慣用が固定している「お手紙をさしあげましたが」などを挙げている。女性の言葉では付くが男子の言葉では省いて言える「（お）米」「（お）茶わん」などは「省けば省ける場合」、「（お）チョッキ」「（お）ビール」「（ご）芳名」「（ご）令息」などは「省くほうがよい場合」としている。

「対話の基調」では、「これからの対話の基調は「です・ます」体としたい。」とし、「動作のことば」では簡潔な「れる」「られる」の敬語に将来性を認め、「―あそばす」についてはおいおいにすたれる形であろう。」とする。久しく問題となっていた形容詞の結び方、「大きいです」「小さいです」などについては、「平明・簡素な形として認めてよい。」とした。「学校用語」では、「先生と生徒との対話にも、相互に「です・ます」体を原則とすることが望ましい。」とした。「皇室用語」については、昭和二二年八月の宮内当局と報道関係との間の基本的了解（特別に難しい漢語を使わず、普通の言葉の範囲内で最上級の敬語を使う。「玉体・聖体」は「おからだ」、「宝算・聖寿」は「お年・ご年齢」など）を紹介し、「これからの敬語」発表当時の報道における用語も平明・簡素な形をとっていることを述べている。

(3) 「これからの敬語」の意義と受容

「これからの敬語」が示した方針は、戦後民主主義を基盤とし、個人の尊重と互いの平等の意識を色濃く映したものである。「これまで」（旧時代）の敬語から脱却し、「これから」（新しい時代）にふさわしい敬語法の健全な発達を目指そうとする画期的なものであったと言えよう。滝浦真人はこれを、「敬語使用の軸自体を〝タテ〟の関係から〝ヨコ〟の関係へと置き直すという（中略）ラジカルな転換を求めた提言」と評している（『日本の敬語論』二〇〇五、大修館書店、八三頁）。

この建議は、国語審議会の示した敬語に関する唯一のよりどころとして、諸家の敬語論に引かれ、辞書の巻末に載せられるなど一般の参考ともされていった。その考え方自体についても大方の共感を得たものと思われる。ただ、実際の人間関係は〝平明・簡素〟でない場合も多く、言葉遣いもそれに応じる必要があり、また、例えば、「標準の形」と決められた「あなた」の使える相手の範囲が実際には限られていることなど、現実の適用については問題も含んでいた。

この指針が見直されるのは、四〇年ほどを経た二〇世紀末から、ということになる。

二　第二期国語審議会の事績

1　第二期国語審議会の概要

国語問題を整理して多岐にわたる課題に取り組んだ新生国語審議会は、第二期（昭和二七年四月〜二九年四月）も引き続き土岐善麿を会長に選出し、漢字、表記、標準語、法律公用文、術語、固有名詞の六部会、そしてローマ字調査分科審議会を設けて幅広く審議を行った。

この期の建議は次の三つである。

・ローマ字つづり方の単一化について　　（二八年三月　文部大臣あて）
・町村の合併によって新しくつけられる地名の書き表わし方について

・法令用語改善について　（二八年一〇月　内閣総理大臣あて）
（二九年三月　内閣総理大臣あて）

これらのうち、ローマ字のつづり方は内閣告示とされ、当用漢字表などと並んで国の表記基準に加わった。右のほか、建議には至らなかったが、部会が審議の成果をまとめ、総会で議論されたものに、「外来語の表記について」（二九年三月）、「当用漢字表審議報告」（同）、「標準語のために」（同）などがある。

昭和二〇年代の末、戦後の新表記が社会に定着する中で、ローマ字、外来語、地名など各分野の表記指針の作成が図られ、また当用漢字表自体にもまとまった検討が加えられたのである。そして、明治以来懸案と意識されてきた「標準語」を求める営為も、ここで一つの結果を出したのであった。

2　ローマ字のつづり方とローマ字教育

(1)　ローマ字つづり方の建議と内閣告示

序章でも触れたように、ローマ字のつづり方については明治以来論争が続いており、昭和一二年の内閣訓令によっても、他方式論者の同意は得られなかった。終戦半月後のＧＨＱ指令により、街頭表示にはヘボン式表記が行われるようになった。

昭和二一年三月に来日した米国教育使節団は、国字としてのローマ字使用を勧告したが、実際の政策は、一般の国民生活を対象として漢字仮名交じり文の改革を実行し、学校教育にローマ字を取り入れる方向で進められた。(注7)昭和二一年、文部省に設置されたローマ字教育協議会の成果である「ローマ字教育を行ふについての意見」、別冊「ローマ字教育の指針」に基づいて、昭和二二年度から小学校・中学校で国語教育の一環としてローマ字教育が実施され、国立教育研究所によるローマ字教育実験調査、文部省によるローマ字教育実験学級設置なども行われた。しかし、つづり方については、義務教育でも訓令式・日本式・標準式(ヘボン式)の三種の教科書から自由に採択できることになっており、統一されていなかった。

この問題について、昭和二三年に文部大臣裁定により設置されたローマ字調査会が検討を行い、翌二四年には文部省設置法に基づくローマ字調査審議会が、二五年からは改組後第一期国語審議会のローマ字調査分科審議会(つづり方部会)が、その審議を引き継いだ。

第二期国語審議会では、これらを受けてローマ字調査分科審議会(佐野利器《としかた》分科会長〈東京市政調査会副会長、工学博士〉以下二三名)がこの問題の審議にあたり、「ローマ字のつづり方」の案を作成、昭和二八年三月一二日の第一八回総会でこれを可決し、同日、「ローマ字つづり方の単一化について」として、岡野清豪《きよひで》文部大臣に建議した。これを受けて、文相は小中学校のローマ字学習について教育課程審議会に諮問を行い、国語審議会建議どおり実施してよいとの答申を得、政府は昭和二九年一二月九日、同建議の内容を内閣告示・内閣訓令として公布した。

(2) 内閣告示「ローマ字のつづり方」の内容

この告示の中身は、図9に示した第1表、第2表の前後に「まえがき」と「そえがき」の付いたものである。第1表は、昭和一二年の内閣訓令の表（訓令式）と同じ内容であり、第2表の上段五

第1表〔（ ）は重出を示す。〕

a	i	u	e	o			
ka	ki	ku	ke	ko	kya	kyu	kyo
sa	si	su	se	so	sya	syu	syo
ta	ti	tu	te	to	tya	tyu	tyo
na	ni	nu	ne	no	nya	nyu	nyo
ha	hi	hu	he	ho	hya	hyu	hyo
ma	mi	mu	me	mo	mya	myu	myo
ya	(i)	yu	(e)	yo			
ra	ri	ru	re	ro	rya	ryu	ryo
wa	(i)	(u)	(e)	(o)			
ga	gi	gu	ge	go	gya	gyu	gyo
za	zi	zu	ze	zo	zya	zyu	zyo
da	(zi)	(zu)	de	do	(zya)	(zyu)	(zyo)
ba	bi	bu	be	bo	bya	byu	byo
pa	pi	pu	pe	po	pya	pyu	pyo

第　2　表

sha	shi		shu	sho
			tsu	
cha	chi		chu	cho
			fu	
ja	ji		ju	jo
di	du	dya	dyu	dyo
kwa				
gwa				
				wo

図９　内閣告示「ローマ字のつづり方」の第１表・第２表

行はヘボン式、下段四行は日本式のつづり方である。第2表のつづりを第1表の該当箇所に当てはめると、全体をヘボン式や日本式の表として読むことができる。「まえがき」に、

1　一般に国語を書き表わす場合は、第1表に掲げたつづり方によるものとする。

2　国際的関係その他従来の慣例をにわかに改めがたい事情にある場合に限り、第2表に掲げたつづり方によってもさしつかえない。

とあり、二つの表の扱いに差をつけてはいるものの、三方式のいずれのつづり方も認める内容となっている。「そえがき」は、「はねる音「ン」はすべてnと書く。」「長音は母音字の上に＾をつけて表わす。」などつづり方の規則六項目を並べたものである。

(3)　ローマ字をめぐるその後の動向

ローマ字調査分科審議会は、以後第五期国語審議会（昭和三四年三月〜三六年三月）まで設置されて活動を続けた。その間、第三期における文相への報告「国語教育におけるローマ字教育について」（昭和三二年七月五日）では、文法をはじめとする国語の法則・性質・構造や、発音の教育に、ローマ字の使用が効果的であることを指摘した。昭和三三年告示の小学校学習指導要領（三六年度から実施）は、四年生で二〇時間程度、五、六年生で各一〇時間程度をローマ字の指導に充てるとした。

学校教育でのローマ字の扱いは、その後簡略になり、現行の小学校学習指導要領（平成一〇年文部省告示）は、四年生で「日常使われている簡単な単語について、ローマ字で表記されたものを読み、また、ローマ字で書くこと。」として、配当時間指定はない。

社会一般のローマ字表記については、昭和二九年の内閣告示が現在も使われており、日本語ローマ字表記の国際規格「ＩＳＯ　３６０２」（一九八九年制定）は訓令式（第1表）のつづりを採用している。しかし、国内の交通機関や街頭で見掛けるローマ字は圧倒的にヘボン式表記が多く、英語教育の普及も手伝い、英語になじみやすいこの書き方が人々に浸透している。パスポートの氏名表記もヘボン式を採っている。一方、訓令式は、学術用語の表記などに用いられており、子音のつづりが五十音図の行に対応していることから、学校教育での動詞の活用の説明などにも使いやすい。NISSIN（日清食品）やmaruhati（丸八真綿）のように、訓令式のロゴを用いている企業もある。伝統的な仮名遣いを反映した日本式も、少数ではあるが見掛けることがある（例：MEIDI-YA〈明治屋〉）。

第二期国語審議会の報告書の「はしがき」（土岐善麿会長）は、建議「ローマ字つづり方の単一化について」を、「昭和二三年一〇月に設けられたローマ字調査会からの懸案を、ついに解決したもの」と自画自賛したが、実際には「単一化」は徹底されなかったのである。

町で見掛ける「ｏ」の長音は、「＾」を付けたり「－」を付けたり、「oh」だったり、「ｏ」だけで何も付けていなかったりと、バラバラである。企業のロゴには、Mazda（マツダ）、mizkan（ミツカン）、SHIMADZU（島津製作所）、NISSAY（日本生命保険）、ShinMaywa（新明和工業）、kura*ray*（クラレ）といった、それぞれのアイデアを映したつづりも目につく。
漢字仮名交じり文を基本とする現代の国語表記において、ローマ字はあくまで補助的な文字にとどまり、つづり方も「おおむね」レベルの了解で運用されているのが現状である。

3　部会報告「外来語の表記について」

(1)　外来語表記問題の経緯と第二期国語審議会

外来語とは、外国語からの借用語のうち漢語を除いたものを指し、主として欧米語由来（洋語）である。西洋との接触が始まった室町末期以来、外来語の表記については、漢字を用いた音訳（歌留多、珈琲など）・意訳（煙草、麦酒など）によるもののほか、平仮名や片仮名による表記も行われた。特に明治以後は外来語を片仮名で書く習慣が確立し、その表記法の統一が求められるようになった。

国語政策の中では、明治三五（一九〇二）年、文部省に設置された国語調査委員会が、「普通教育ニ於ケル目下ノ急ニ応センカタメ」の調査事項の中に「外国語ノ写シ方ニ就キテ」を掲げたものの、成果をまとめるには至らず、大正一五（一九二六）年に臨時国語調査会が作成した「当字の廃棄と外国語の写し方」の中で、「一、従来ヰ、ウヰ、ウィで書きあらわされている左の類の語はウィで書く。　例　ショーウィンドー（以下、例略）」など七項目が簡潔に示されていたにとどまる。

戦後、第二期の国語審議会で、表記部会（保科孝一部会長以下一三名）が外来語表記の原則を審議することとなったが、折しも学術奨励審議会学術用語分科審議会から国語審議会に対し、外来語表記の問題を含む学術用語の表記に関する質問があった。そこで、国語審議会では表記部会と術語部会（颯田琴次《さったことじ》部会長以下一五名）が合同で回答案を作成し、総会で正式に決定して国語審議会会長から学術用語分科審議会会長に回答した。このような経緯があり、その後も術語・表記両部会は引き続き合同で審議を行って外来語表記全般についての基準を取りまとめ、第二期最後の第二〇回総会（昭和二九年三月一五日）に提出した。保科表記部会長は同総会で、この間の審議について、「外来語を表記するのに、原語の発音に即した表記を採るべきか、あるいは、国語に外国語を取り入れた際に起る国語化した発音をもとにした平易な表記を採るべきか、の根本態度について、しばしば論議がくり返された。」と報告している。

(2) 部会報告の内容

この両部会案「外来語の表記」は、

(イ) 国語化した書き表わし方の慣用が固定しているものは、これを採る。

(ロ) その書き表わし方の慣用が固定せず、二様にわたるものについては、原語の発音としてわれわれが聞き取る音を基礎とし、国民一般に行われやすいことを眼目として、なるべく平易なほうを採る。

の二方針に基づいて定められ、「外来語をかなで書き表わす場合の大綱」としての「原則」一九項と「外来語を書くときに用いるかなと符号の表」、および「書き表わし方の迷いやすいものについて、その実際を示したもの」としての「外来語用例集」から成っている。

「原則」は、「1　外来語は、原則としてかたかなで書き、別表「外来語を書くときに用いるかなと符号の表」の範囲内で書く。　2　慣用の固定しているものは、これに従う。　3　はねる音は「ン」と書く。」などと、書き方の基準を示している。そのうち10〜14および16は、但し書きが付いた原則となっている。初めの三つだけ引いておこう。（原則に添えられた語例は抄出とし、原語表記は省略して引用する）。

10　原音における「ファ」「フィ」「フェ」「フォ」・「ヴァ」「ヴィ」「ヴ」「ヴェ」「ヴォ」の音は、なるべく「ハ」「ヒ」「ヘ」「ホ」・「バ」「ビ」「ブ」「ベ」「ボ」と書く。

プラットホーム　バイオリン　ビタミン

ただし、原音の意識がなお残っているものは、「ファ」「フィ」「フェ」「フォ」・「ヴァ」「ヴィ」「ヴ」「ヴェ」「ヴォ」と書いてもよい。

ファインプレー　ヴェール

11　原音における「ティ」「ディ」の音は、なるべく「チ」「ジ」と書く。

チーム　ラジオ　ジレンマ
ただし、原音の意識がなお残っているものは、「ティ」「ディ」と書いてもよい。
ティー　ビルディング
12　原音における「シェ」「ジェ」の音は、なるべく「セ」「ゼ」と書く。
セパード　ミルクセーキ　ゼスチュア
ただし、原音の意識がなお残っているものは、「シェ」「ジェ」と書いてもよい。
シェード　ジェットエンジン

但し書きのない項目でも、「8　イ列・エ列の音の次の「ア」の音は、「ヤ」と書かずに「ア」と書く。ピアノ　ヘアピン〔例外〕ダイヤ　ベニヤ（板）」「9　原音における「トゥ」「ドゥ」の音は、「ト」「ド」と書く。ゼントルマン　ドライブ〔例外〕ツーピース　ズック」のように、例外の付いているものが多い。また、原語で二語以上が一緒になったもののつなぎの符号（「・」「-」「=」など種々のものが見られる）については決定が留保された。

（3）総会での審議とその後の取扱い

保科部会長が報告した部会の場合と同様、この案が提出された第二〇回総会でも議論百出となった。個々の項目についての細かな意見、部会で尽くされた議論を総会で繰り返すべきではないとする意見、この案のままで建議してよいとする意見とその反対の意見、中間報告にとどめるべきだとする意見などが次々に述べられ、土岐善麿会長は、同案を建議案とすることは無理だと判断し、その合意を得て、「部会で到達した成果の報告を受け、総会がそれを聞いたということにする。」とまとめた。しかし、国語審議会としての報告文には、「この趣意がひろく社会に普及し、一般に実行されることが望ましい。」との文言も入れられた。

結果として、この部会報告は、平成三（一九九一）年に内閣告示『外来語の表記』が制定されるまで、公用文や教科書、新聞などの表記のよりどころ、あるいは参考資料としての役割を果たすこととなった。

4　地名、法令用語等への提言

昭和二八年九月一日に町村合併促進法が公布され、全国の市町村の合併が促進されることとなった。国語審議会はこの機会を捉え、「町村の合併によって新しくつけられる地名の書き表わし方について」を内閣総理大臣に建議し（同年一〇月八日）、合併後の市町村名の書き表し方が、できるだけ分かりやすく、読み違いの起こらないようなものに決定されるための処置を求めた。この建議は総理府から地方自治庁、そして各自治体に伝達された。第二期の『国語審議会報告書』は、「その後の実情は、おおむねこの建議の趣旨にかなったものといってよい。」と総括している（「はしがき」）。

法令用語に関しては、第一期の「法令の用語用字の改善について」に続き、今期は「法令用語改善についての建議」（昭和二九年三月一五日）を、別紙「法令用語改正例」を添えて内閣総理大臣に提出した。これに基づき、内閣法制局は「法令用語改正要領」を作成し、同年一一月二五日付けで各省庁に配布した。同音語（例：「遺棄、委棄」について、後者は用いない）、似た意味の言葉（例：「証拠、証徴、憑拠、証憑」は「証拠」に統一）、当用漢字表にはずれた漢字を用いた言葉（例：「慰藉料」は「慰謝料」に）などの取扱い方針を定め、爾後の法令に適用することとしたのである。

また、学術用語に関しては、前項で触れた外来語表記関係のほか、数学、物理学、動物学、土木工学、採鉱ヤ金学の五編の学術用語集選定に当たり、学術用語分科審議会から検討の依頼を受け、国語審議会会長名で回答を行った。

5　当用漢字表の再検討

(1)　漢字部会の審議と審議報告（当用漢字表補正資料）

当用漢字表については既に、時枝誠記を部会長とする第一期国語審議会の漢字部会でも検討が行われていた。そこでは、漢字表の字数、漢字と仮名の抱き合わせ（交ぜ書き）、専門用語などについて種々の意見が出され、漢字表の補正については、国立国語研究所とも密接に連携して資料を整備した上で解決を図るべきだという結論になっていた。

第二期国語審議会の漢字部会（原富男部会長〈東京教育大学講師〉以下一九名）は、まず「当用漢字表を、その制定当時の精神にそって守りぬくこと」を基本態度として確認し、「守りぬく」ために、実施の経験によって、現状に即するために幾らかの修正をほどこすことを承認した。続いて、国語課提出の資料のほか、新聞社所属の委員たちから各々提出された当用漢字補正に関する参考資料、日本新聞協会編「当用漢字補正に関する新聞社の意見の集計」などを資料として検討を進め、最終的には、当用漢字表から削る字、当用漢字表に加える字ともに二八字を掲げた「当用漢字表審議報告」を第二〇回総会（昭和二九年三月一五日）に報告した。一般に「補正資料」と呼ばれるその内容は、次のとおりである。

1 当用漢字表（音訓表・字体表を含む）から削る字

且丹但劾又唐嚇堪奴寡悦朕濫煩爵璽箇罷脹虞謁迅逓遵錬附隷頒

2 当用漢字表（音訓表・字体表を含む）に加える字

亭（テイ）俸（ホウ）偵（テイ）僕（ボク）厄（ヤク）堀（ほり）壌（ジョウ）宵（ショウよい）
尚（ショウ）戻（もどす）披（ヒ）挑（チョウ）据（すえる）朴（ボク）杉（すぎ）桟（サン）
殻（カクから）汁（ジュウしる）泥（デイどろ）洪（コウ）涯（ガイ）渦（カうず）渓（ケイ）
矯（キョウ）酌（シャク）釣（つり）斉（セイ）竜（リュウ）

3 音訓を加える字、字体を改め音訓を加える字

個（コ）→個（コ・カ）　燈（トウ）→灯（トウ ひ）

総会としてはこの報告を「将来当用漢字表の補正を決定するさいの基本的な資料となるもの」と位置づけ、「思うに、当用漢字表の補正は、その影響する方面や範囲が広く深いので、この漢字部会の補正資料は、このさい一般の批判をもとめ、今後なお実践を重ねることによって、その実用性と適正さが明らかにされると考えられる。」との見解を示した。

(2) 補正資料が残した問題点

この審議報告は当用漢字表を直ちに変更するものではないため、文部省は調査局長名で、「当用漢字表の内容や法令および教育の上でのその取扱は、これによって別に変更されません。誤解のむきもあるので、念のためお知らせします。」と、三月二〇日付けで関係各方面に通知した。一方、当用漢字表補正への強い希望を持ち、漢字部会の審議にも積極的に関わってきた新聞界では、この報告の内容を紙面に採用した。これは、国語審議会の言う「実践」の一つと位置づけられよう。

これらの結果、法令・公用文や教育と、新聞紙面とで漢字表記に食い違いが生ずることとなった。結局この補正資料は〝資料〟にとどまったまま時を経、審議報告から二七年後の昭和五六（一九八一）年、新たな漢字表記の基準として常用漢字表が内閣告示され、当用漢字表は廃止された。

ところが、それから更に二十数年を経た今日、半世紀も前の審議報告から生じ、いまだに尾を引く問題がある。すなわち、審議報告は「箇」を当用漢字表から削る字の一つとし、その代わり「個」に「カ」という音を与えることとしていた。それが新聞紙面に取り入れられ、「箇所」「箇条書き」などは、「個所」（上に数字が入る場合は「○カ所」）「個条書き」などと表記されるようになった。しかし、一八五〇字の当用漢字表に九五字（審議報告で「加える」とした二八字を含む）を加えた常用漢字表は、当用漢字表の字種すべてを受け継ぎ、また、「個」には「コ」の音しか認めていない。すなわち「個《カ》所」は表外音を含む表記である。法令や公用文では常用漢字表の字種・音訓の枠内で「箇所」と書き、学校でも「箇所」と習う。しかし新聞には「個所」と出てくる。生徒が表記に迷ったとしても不思議はないだろう。

また、審議報告は「遵」を当用漢字表から削るとし、新聞はこれに応じて「遵守」「遵法」を「順守」「順法」と書くようになり、今に至っている。現在、「遵」は常用漢字であり、敢えて書き換える必要はないはずである。しかし、「遵法闘争」となると、旧国鉄の春闘でよく見掛けた「順法闘争」の方が、もはや一般に定着しているようにも思える（インターネットで検索すると、「順法闘争」の方が遙かにヒット件数が多い）。

これらは、国語施策の審議やそれに関わった団体等の行き掛かりから生じた、現代表記における無用の錯雑化である。本来、常用漢字表に従って再調整されるべきものであろう。

6　部会報告「標準語のために」

(1)　標準語部会の審議と報告

第二期国語審議会の標準語部会は一五名、部会長は前期に敬語部会長を務めた金田一京助である。同部会は、話し言葉と書き言葉の両面にわたって「現在の東京語を素材として取り上げ、これを標準語の立場から検討する」こととし、前期の敬語部会と話しことば部会の仕事を受け継いで両部会の成果の主旨を実現するよう努めることを、まず同部会の方針として定めた。

前期の敬語部会は、新時代にふさわしい平明簡素な敬語の在り方を示す「これからの敬語」をまとめ、これは文部大臣に建議された。また、前期の話しことば部会（颯田琴次部会長）は、(1) 映画・演劇・ラジオ・演芸、(2) 講演、(3) 小学校および中学校、の各分野における話し言葉について、その在り方に関する検討結果を取りまとめ、総会に報告した（「話しことばに対する報告書」）。

これらを受け継いだ標準語部会は、昭和二七年一〇月から二九年三月にかけて二〇回の会議を持った。しかし、二九年三月一五日の第二期最終総会における部会報告で、金田一部会長は、その間に安藤正次、折口信夫《しのぶ》両委員が死去したこともあり十分な審議ができなかったとして、報告する「標準語のために」は審議の結果到達した具体的な事実をありのままに記録したものだと述べている。

(2) 部会報告「標準語のために」

「標準語のために」は、「第1部　標準語のために」「第2部　これからの日本語」の二部に分かれ、第1部は「審議上の基礎方針　1　語音の部　2　語法の部　3　用語の部」から、第2部は「1　まえがき　2　文体について　3　用語について　4　語法について　5　敬語について　6　話しことばについて　7　発音について　8　書きことばについて」から成る。

ア「第1部　標準語のために」

第1部の冒頭「審議上の基礎方針」には、まず「標準語」の定義に関する説明がある。それによれば、「標準語」とは、全国に通じる東京語（「共通語」）から、正しくない発音や用語や語法を除去したものである。そして、「正しい」ということについては、言語は社会的習慣であり歴史的変化を認めざるを得ないことから、理論的・語原的・語法的な原則からの判定には限度があり、結局、「社会の良識の最大多数が用いて、ふつごうなく通用しているものが正しい」という基準を主として用いることになるとする。

「語音の部」は、五十音の発音一覧と発音に関する一〇項目のコメントから成る。コメントの「1」は「母音〔ウ〕の注意」で、「母音〔ウ〕の発音は、東京では平くちびるで発音されて、実は〔u〕ではなしに〔ɯ〕に近い。／西日本、ことに四国・九州では、くちびるが左右から寄ってまったく〔u〕の本色を備えている。」とし、「できたら関西流にこころもちくちびるを左右から寄せぎみの

〔ウ〕の発音をもって標準音としたい。」としている。標準語の追求に当たり、東京語の現状一本槍ではなく、他地域のものを取り入れようとする姿勢の表れた項目である。

このほか、書き言葉と話し言葉での発音の違いや、「いばる→エバル」「はえ（蠅）→ハイ」「ひと（人）→シト」などのなまりを指摘するが、「仕合わせ—シヤワセ、具合—グワイ」などは「認める」としている。また、母音の無声化について例を挙げ、「ここ（此処）、けしょう（化粧）」の傍線部などの無声化は「標準音とは認めがたい。」とする。

「語法の部」は、動詞について「五段・一段の併用」（例：足る〈文語的〉—足りる）、「一段・五段の併用」（例：任せる—任す）、「サ変動詞」に分けて、活用の現状を整理したものである。サ変動詞については特に、1)二字の漢字に付く「—する」〔上二段活用〕（例：安心する）、2)一字の漢字に付いた「—する」〔(1)上二段活用（例：察する）、(2)上一段活用（例：感じる）、(3)五段活用（例：略す）、(4)混合活用（例：愛する）〕に分類し、具体的な活用形と語例とを示している。

「用語の部」は、二つあるいはそれ以上の形を取り上げて、そのいずれが正しいかを審議したものの語例集である。次のような形式で、約八〇項目が取り上げられている。

○「を」と「が」　たとえば次のような形は、文法上、二つとも正しいと認められる。

わたしは水を飲みたい。　わたしは水が飲みたい。

あなたを好きだ。　あなたが好きだ。

○ほっそくする（発足する）　これは、しだいに「はっそく」の形が耳なれてきているが、現段階では「ほっそく」が標準形である。

○ほのお（炎）〔ホノホ〕でない。

挙げられた語例を眺めると、当時どのような語句のゆれが問題として意識されていたかが伺われる。「いやき（いや気）」を採り「いやけがさす」をなまりとしたり、「でそめしき（出初式）」であって「でぞめしき」でないとしたりしているのは、今日の発音の主流とは異なっていよう。

イ「第2部　これからの日本語」

第2部は、標準語としてのこれからの日本語がこうありたいと思う理想を、言語生活の各部面にわたって考えたものである。その「まえがき」は、「1　これからの日本語は、国民の社会生活において、だれが、だれに対しても、互に心やすく話し合い、また自由・活発に意見を述べ合うことのできる、平明・簡素なことばでありたい。」に始まり、「どんな問題についても、これを正しく、わかりやすく言い表わすことのできることば」「耳で聞いてすぐにわかる、そして、きれいな感じのすることば」などの言葉の理想的な在り方を、漸進的に実現していくべきことを記している。「ことばの主体たる国民の心の中に、論理性と審美性ならびに相互に基本的人格を尊重し合う心を深めていきたい。」など、国民教育的な観点からの見解も示される。そして、これらの基調の上に、「文体」

「用語」以下についての具体的な考えを述べている。「和語を尊重する。」「女性語における敬語または美称の使い過ぎは戒めるべきであるが、その行き過ぎの結果が女性語の破壊とならないように注意したい。」「イエスとノーとをはっきりという習慣を一般につけたい。」など、その内容は多岐にわたる。

(3) 「標準語のために」の総会での取扱いと、意味・位置づけ

この案について、総会では言語学者の小林英夫委員などから、細部に関する質問や異論も出された。土岐会長は「標準語のために」を外部には発表しないものとして議論をまとめ、この部会報告は、国語審議会の今後の審議の参考資料とされることとなった。

総じて、この「標準語のために」は、様々なレベルの所見の羅列の感を否めず、完成度が高いとは言えないものの、当時の国語審議会の、理想的な日本語の在り方を追求しようとする姿勢がよく表れた報告である。明治以来の国語政策の課題の一つである「標準語」の問題に、昭和二〇年代の国語審議会は、このように取り組んだのであった。

金田一部会長は、部会報告を、「どうか、今後の審議によって、だいじな標準語確立の事業が、この小さな捨石の上に、大きく積み上げられる日の早く来ることを祈るものであります。」との言葉で締め括っている。その後、国語審議会は昭和三六年に「語形の「ゆれ」について」、四〇年に「発音の「ゆれ」について」という部会報告をまとめ、国語の「標準化」への意志をなお示すが、包括的

に「標準語」を追求しようとするプロジェクトは出現しない。

「標準語」に代わり、国立国語研究所の調査報告書『言語生活の実態』(昭和二六年)が、「全国共通語」の略として初めて用いた「共通語」という概念が、国民の言語をイメージする際に次第に一般的になっていく。テレビ等のメディアの普及や、社会の変化による地域間交流および国民の地域移動の増加等によって、共通語が全国に普及し、その使用能力が国民に十分共有されるにしたがい、国家による「標準語」制定へのニーズは官民双方において弱まっていったと考えられる。また、言葉をめぐる人権意識の高まりや、人的交流およびメディアを通じた接触による耳慣れによって、社会全体に「方言」に対する認識や評価が格段に向上し、唯一の「標準語」を絶対視する意識も相対的に弱まっていった。

第一期国語審議会の話しことば部会報告(昭和二七〈一九五二〉年)には、小中学校教育に関して述べた部分の中に次の文言が見られる。


各地方における国語教育の実際をみると、地方によっては、方言を無視することができない関係にあるので、これをいかに処理すべきかが重大な問題である。また映画・ラジオ・演劇・演芸方面においてもまた同様であるから、できるだけ純正な共通語の慣用を促したい。また作家としても、特に必要のある場合のほかは方言の駆使を避けることに協力されるよう希望する。

また、第五期の第三九回総会（昭和三四〈一九五九〉年）で、土岐会長が国語に関する問題点を並べて示した資料には、「方言の乱用の調整」という一項が見られる。

このように、昭和二〇年代から三〇年代の国語政策の意識において、方言は「問題」だったのである。この「方言」が、平成五（一九九三）年の国語審議会報告では、「地域の文化を伝え、地域の豊かな人間関係を担うもの」であり、「尊重することが望まれる」ものとして、表舞台に再登場する。この間に社会意識の大きな変化があったと言わなければならない。

三　第三期国語審議会の事績

1　第三期国語審議会の概要

第三期国語審議会（昭和二九年七月〜三一年七月）は、引き続き土岐善麿を会長に、新たに金田一京助を副会長に選出し、総会・部会・小委員会等の審議を通じて左の五つの成果をまとめ、文部大臣に建議または報告した。報告にも、今日の国語施策や国語教育に直接影響を与えているものがあるので、建議・報告を併せて掲げる。

・「かなの教え方について」（報告）　（三〇年七月）
・「話しことばの改善について」（建議）　（三一年七月）

・「正書法について」（報告）　　　（〃）
・「同音の漢字による書きかえについて」（報告）　　　（〃）
・「国語教育におけるローマ字教育について」（報告）　　　（〃）

このほか、同期の期間内に、化学、機械工学、建築学、船舶工学、植物学の各分野における学術用語と、工業標準用語について、学術奨励審議会学術用語分科審議会からの審査依頼に回答した。また、義務教育で教える漢字を定めた当用漢字別表（昭和二三年内閣告示）について、文部省でその学年配当を決める作業が行われ、国語審議会にも報告があったので、併せてここで扱っておくことにする。

第三期国語審議会は、当用漢字表・現代かなづかい実施後一〇年を経て、「ローマ字のつづり方」（昭和二九年）も内閣告示となった状況下、教育その他各分野における、国語施策の具体的な実施の形を整えていく時期にあったと言えよう。

この期には、前期までより随分大きく括られて、表記の問題を扱う第一部会、話し言葉の問題を扱う第二部会の二つの部会が設けられた。それぞれの部会がまとめたのが「同音の漢字による書きかえ」（報告名は「……書きかえについて」）と「話しことばの改善について」である。まずは、この二つから見ていくことにしよう。

2　第一部会と「同音の漢字による書きかえ」

第一部会は原富男部会長（東京教育大学教授）以下二四名。広く文芸・教育の面なども考慮しながら漢字・仮名遣い等、表記法の問題を審議することを任務とし、現代かなづかいの適用上の問題点から検討を行った。

同部会は、中間報告（昭和三〇年三月二日）の際に得られた総会の意向も受け、内閣告示「現代かなづかい」を改訂しないという前提で、適用上の不明確な点について一語一語審議し、成案「現代かなづかいの適用について」を第二九回総会（同年一一月一〇日）に報告した。これは、現代かなづかいの細則のうち、①二語の連合によって生じたぢ・づ、②同音の連呼によって生じたぢ・づ、③オに発音されるほ、④助詞のは、について豊富な用例を掲げたものであった。しかし総会では、①に関し「ぢ・じ」「づ・ず」の書き分けについて議論が繰り返され、決定に至らなかった（この問題は総会及び正書法小委員会に審議が引き継がれ、第三期末に報告「正書法について」の中で一応の結論を得ることになる）。

その後、第一部会は同音の漢字による書き換えの問題に取り組んだ。当用漢字表は、「この表の漢字で書きあらわせないことばは、別のことばにかえるか、または、かな書きにする。」（使用上の注意事項）という方針をとっていたので、この表を円滑に適用するためには、従来漢字で書いていた表外字を含む語を、それぞれどう書き換えるかという問題を解決する必要が生じた。その書き換えの方法の一つに、元の語の音を変えずに同音の表内字を用いて書き表すやり方があり、社会的にも既に行われていた。そこで、国語審議会として、それらの用例を収集・整理して適当なものを選定することとしたのである。その結果まとまった「同音の漢字による書きかえ」は、第三二回総会（昭和三一年七月五日）で可決され、清瀬一郎文部大臣に報告された。

その内容は、一字の漢字および二字から四字までの熟語、計三四一を五〇音順に並べ、書き換えを示したものである。この中には、「糺明↓糾明」のように、同字で単に字体が異なるだけのものも含まれる。また、「法令用語改善についての建議」（昭和二九年三月一五日）の「法令用語改正例」にあるものには「(法)」、学術用語集各編および医学用語集収載のものには、「(物)」〈学術用語集物理学編〉、「(土)」〈同土木工学編〉、「(医)」〈医学用語集〉などの注記が添えられている。

漢字・語句の例を挙げておく（×は表外字）。

愛慾↓愛欲　安佚↓安逸　意嚮↓意向　衣裳↓衣装
叡智↓英知　蛔虫↓回虫（医）　恢復↓回復　火焔↓火炎
交叉↓交差（法）　讃　↓賛　七顛八倒↓七転八倒　銓衡↓選考
篇　↓編　抛物線↓放物線（物）　熔岩↓溶岩（鉱）　掠奪↓略奪
諒解↓了解　聯合↓連合

この報告の前書き部分には、「当用漢字を使用する際、これが広く参考として用いられることを希望する。」との趣旨が述べられている。実際、各方面で参考とされ、現在一般に定着しているものが多い。

3　第二部会と「話しことばの改善について」

第二部会は第一期の話しことば部会および敬語部会、第二期の標準語部会の流れを汲むもので、颯田琴次部会長（東京芸術大学教授、医学博士。音声学や発声などに関する著作がある）以下一八名。話し言葉（音声言語）について審議することとし、教育・放送・映画・演劇の小委員会に分かれた話し合いや、外国人に対する日本語教育の視察、幼稚園・小学校・中学校の教員との懇談会も実施し、建議案「話しことばの改善について」を作成して第三二回総会（昭和三二年七月五日）に提出した。同案は総会の採択するところとなり、同日付けで清瀬文部大臣に建議された。

この建議の内容は教育に関する要望であり、左の四点の必要性を指摘している。

1　学校における話しことば教育の推進

2　話しことば教育の指導者養成方策策定

3　話しことば教育の科学的再検討
4　話しことばに関する調査の実施

同建議は「これによって話しことばに対する社会的関心が高められることを期待します。」とし、国立国語研究所・国立教育研究所等での具体的な研究を要請している。

この建議の背景となった状況は、無論当時の水準で考えなければならないが、科学的研究に基づく話し言葉指導法の開発・改善・普及は、今日の国際化・情報化等の新たな時代状況のもとで、なお追求すべき課題となっている。

4「かなの教え方について」――平仮名・片仮名先習問題

国語審議会の第二四回総会（昭和三〇年三月二日）で、「かなの教え方について」が議題とされた。これは、直接的には前年一二月二〇日、中央教育審議会が安藤正純文部大臣に対し、「小学校児童に、ひらがなから教えることについては、現場の教育者および学者、一般社会人の間にも、相当異論のあるところであるから、文部省は、国語審議会ならびに教育課程審議会に付議して、その取扱を慎重に研究せられたい。」と答申し、これを受けた文相が国語審議会に審議を求めたことによる。

戦後、昭和二二（一九四七）年発行の小学校用国定国語教科書「こくご」の巻一が「おはなを　かざる、みんな　いい　こ。」と平仮名で始まり、片仮名は二年生以降に外来語やオノマトペ、動植物名などの表記として現れる形をとって以来、小学校で片仮名より平仮名を先に教えるようになっていた。これは、明治一九（一八八六）年文部省発行の『読書入門《よみかき》』、そして明治三七（一九〇四）年の第一期国定国語教科書このかた、ずっと片仮名先習であったのを逆にしたものである。その理由は、憲法や法律、公用文書も漢字・平仮名表記となり、社会的に一層平仮名が広く用いられるようになってきたからであった。

これに対し、昭和二八（一九五三）年一月一三日の朝日新聞「私が大臣なら」欄で、児童心理学者の波多野勤子《いそこ》が「一年生からカタカナ復活」を唱えた。根拠は、子供にとって直線の多い片仮名の方が覚えやすく、字形のつながりから漢字も覚えやすいということである。

同年三月五日には、参議院文部委員会で山本勇造が、波多野と同趣旨の立場から岡野清豪文部大臣に見解をただしている。山本は、平仮名先習の考えを、大人が白米を食べているからといって赤ん坊にも白米を食べさせるのが当然だという議論に似ていると批判し、明治三七年に国語調査委員会が発表した「片仮名平仮名読ミ書キノ難易ニ関スル実験報告（注8）」の結果も引いて質問した。文相の答えは、「これは早速一つ文部省の当局によく検討させまして、善処したいと思います。」ということであった。

その後、平仮名先習派、片仮名先習派が盛んに論争を繰り広げ（注9）、前述の中教審答申を経て国語審議会・教育課程審議会への付議に至ったのである。

国語審議会では、個人や団体の主張、新聞記事、実験研究など多くの資料を参照しながら四回の総会で審議した後、会長・副会長ほか一〇名の小委員会で回答案を起草し、第二八回総会（昭和三〇年七月一二日）で成案を得、松村謙三文相に報告した。その内容は、

(1) 現にかたかなの表記が、一般に認められている語については、かたかな書きで学習させる。
(2) かたかなの学習を効果的にするために、学習の過程において、かたかな書きの語、句または文をまじえる。

という方法を通じて、

かたかなについても全部、おそくも第3学年の終りまでに習得するよう指導されることが適当であろう。

とするものであった。すなわち、平仮名先習の基本は動かさず、一般の表記の慣習ないしは正書法的な考え方に立って、片仮名も早いうちから、より積極的に教えていくということである。なお、国語審議会として、正書法その他につき改めて検討する意向であることも、この報告の終わりに述べられている。

学年	昭和26年（「国語能力表」）	昭和33年（「内容」中の指導事項）
1年	・ひらがなが読める。 ・ひらがなが書ける。	・ひらがなを読み、また、書くこと。 ・かたかなの一部を読むこと。
2年	・かたかなのだいたいが読める。 ・かたかなのだいたいが書ける。	・かたかなをひととおり読み、また、書くこと。
3年	・かたかなが読める。 ・かたかなが書ける。	・かたかな全部を読み、また、書くこと。

表1　昭和26年「小学校学習指導要領国語科編〔試案〕」と昭和33年「小学校学習指導要領」における、平仮名・片仮名学習の比較

この翌年五月七日には、教育課程審議会が文相に、

> ひらがなをかたかなより先に教えるという現行の方針は、改訂する必要は認められない。
> ただし、かたかなの学習については、さらに徹底を期することが望ましい。

との答申を行った。

これらの結果、表1に示したように、昭和三三年に告示された学習指導要領で、一年生から片仮名を指導することとなった。

ちなみに、昭和四三年の学習指導要領では、二年生で「かたかなを書くとともに、文や文章のな

かでのかたかなの適切な使い方がわかること。」、三年生で「かたかなを文のなかで適切に使うこと。」まで指導することとなる。さらに、昭和五二年のものでは、〔第3学年〕に「片仮名で書く語の種類を知り、文や文章の中で適切に使うこと。」が入って語種への着目が明確となり、これは平成元年版にも受け継がれる。平成一〇年版に至り、〔第1学年及び第2学年〕の〔言語事項〕の中に、「平仮名及び片仮名を読み、書くこと。また、片仮名で書く語を文章の中で使うこと。」と掲げられて、仮名文字の指導は三年生に及ばず、低学年で完結する形となる。

戦後の国語施策・教育施策の中で、昭和三〇年代初めに平仮名先習の再確認と並んで片仮名指導の強化が図られ、昭和四、五〇年代の学習指導要領改訂を経て、二〇世紀末までに、片仮名指導の語彙指導との結び付きの明確化、および片仮名指導の低学年化が進んだのであった。

5 「正書法について」――仮名遣いに「語意識」の概念を導入

右の「かなの教え方について」から進んで、国語審議会は、日本語の正書法について検討することとなった。この検討は、漢字・仮名遣いをはじめとする戦後の国語審議会の仕事について体系化を試みるという意気込みを持って、会長・副会長も入った一六名の小委員会を組織して行われた。しかし、今期末半年程度の間にまとめられたのは、当用漢字表・現代かなづかいの現代表記における正書法の考え方の手短な論述と、第一部会が取り組んでいた現代かなづかいの適用の問題に、「語意識」の概念を導入して一定の考え方を示し、そのうちの、二語の連合における連濁の「ぢ」「づ」（または「じ」「ず」）について、適用例を掲げたものであった。

「正書法について」は仮名遣いについて、「かなづかいは語の表記であって、その語の表記によって語を認めるのである。」という考え方をとる。これを、助詞の「は」「へ」「を」や、ユウと発音する「いう」（言う）のような特殊な用法のものにも、現代かなづかいで大半を占める、現代語音に基づいて表記する語にも適用するのである。

二語の連合に関わる「ぢ・じ」「づ・ず」の書き分けは、「現代語として語構成の分析的意識がある場合には、ぢ・づと書く」とされ〔例：あいそづかし（↑あいそをつかす）、かたづく（↑かたをつける）、けづめ・ひづめ（↑つめ）〕、「現代語としては、語構成の分析的意識のないもの」は「じ・ずを使う」とされた〔例：かたず（↕つ〈唾〉）、いなずま（↕つま〈妻〉）、うでずく・かねずく・ちからずく（↕つく〈尽〉）〕。

「正書法について」は、このように限定的な内容のものであったが、「語意識」による書き分けの考え方は、三〇年後、昭和六一年の内閣告示「現代仮名遣い」で本文に活かされることになり、その意味で先駆的な役割を果たしたと言える。第三二回総会（昭和三二年七月五日）で了承され、清瀬一郎文部大臣に報告された。

6 「学年別漢字配当表」誕生

(1) 戦後における漢字学習の基準整備

第一章に記したように、いわゆる教育漢字、すなわち義務教育の間に読み書きできるように指導すべき漢字として、国語審議会の答申に基づき、昭和二三(一九四八)年二月に内閣告示「当用漢字別表」の八八一字が示された。これにより、小中学校で学習する漢字の範囲ははっきりしたが、初期の小学校用検定教科書(昭和二四年から使用)においては、出てくる漢字の数が八八一字全部に及ぶものから七四一字と少ないものまでまちまちで、漢字の提出順序や学年ごとの提出数も、当然ばらばらであった。

昭和二六年の小学校学習指導要領 国語科編〔試案〕は「国語能力表」を掲げ、その中で、各学年で学習する漢字数の基準を示した。各学年において読めるようにすべき漢字数(累積数)の目標は次のとおりである。

1年…だいたい三〇字ぐらい
2年…だいたい一三〇字ぐらい
3年…だいたい二八〇字ぐらい

4年…だいたい四六〇字ぐらい
5年…だいたい六八〇字ぐらい
6年…だいたい当用漢字別表を中心とした八八一字程度

書くことの基準は、各学年とも「読める漢字のだいたいが書ける。」こととした。

同二六年の、中学校高等学校学習指導要領 国語科編〔試案〕は、中学校では「当用漢字別表の漢字の読み書きが完全にできる。その他の日常必要な当用漢字が読める。」ことを、高校では「当用漢字が完全に読める。当用漢字表中の重要な漢字が正しく書ける。」ことを、国語学習指導の目標の中に掲げた。

(2) 学年別漢字配当表の作成へ

以上のように、当用漢字別表や当用漢字表の枠内につき、各学習段階で学ぶ漢字の範囲が定められたが、依然として個々の字種の提出順序については規定がなかった。そのため次のような不都合が起こり、問題となった。

①児童が転校した場合、転校先で違う教科書を使っていると、本人と転校先のクラスの間で既習漢字・未習漢字が食い違う。

②児童の在校中に、ある学年から教科書を変更すると、漢字の提出の仕方が前の教科書と整合しない。
③国語の教科書と他教科の教科書で漢字の提出順序がそろわないため、国語で習っていない漢字が他教科の教科書にしばしば出現する。
④課外読み物に、学習漢字と無関係に漢字が出現するため、読書意欲をそぐ。

国定教科書一種類の時代には、そこに現れる漢字が実質的に学習範囲の基準となっていたが、各社で教科書を編集するようになると、その全体をつなぐ基準が新たに求められるようになったのである。

そこで文部省は、昭和二七（一九五二）年三月に漢字学習指導研究会を発足させて、漢字指導の基準作成のための調査を行い、「教育漢字学年別配当表」を作成した。

(3) 国語審議会と学年別漢字配当表

このように、教育漢字の学年配当は文部省サイドで行われたが、当用漢字別表に関わる処置であることから、仕事の進みは国語審議会総会にも報告されている。

一度目は第二九回総会（昭和三〇年一一月一〇日）である。昭和二七年から三か年間に延べ二七校の実験学校を設け、一一九学級、約五四〇〇人の児童を対象に実験指導を行い、八八一字の配当基準の成案を得たが、実施方法などを更に研究し、教育課程審議会の意見なども聞いた上で実施に移すことを、白石大二《だいじ》国語課長が庶務報告の中で述べている。

翌三一年五月七日には教育課程審議会から文部大臣に、「教育漢字の学年配当について」が答申された。内容は、小学校で教育漢字（当用漢字別表）を学年別に配当することは適当であるが、なお研究を要し、取扱いは慎重を要するというものである。これについても、七月五日の第三二回国語審議会総会で白石課長が報告し、具体的な取扱い方法を初等中等教育局で検討中である旨、付け加えている。

(4) 学年別漢字配当表の内容と、その変遷

出来上がった学年別漢字配当表は、昭和三三年文部省告示の小学校学習指導要領（実施は三六年度から）に組み込まれた。文字どおり、八八一字の各学年への配当を示す表で、1年 四六字（一二三…）、2年 一〇五字（雲円王…）、3年 一八七字（悪安暗…）、以下、4年 二〇五字、5年 一九四字、6年 一四四字が並び、終わりに「指導上のつごうによっては、若干字をこの表で示した学年の前または次の学年で指導してもよい。」と付け加えられている。これとともに、教科書検定に関する定めの中で、他教科の教科書で使用する漢字も、この配当表に示された当該学年までの漢字に限られることとなったので、戦後期の一〇年以上にわたった漢字指導上の不都合は、ほぼ解消された。

その後、学習指導要領改訂のたびに、学年別漢字配当表自体も改訂を加えられつつ掲載され、今

学習指導要領	漢字数						
	1年	2年	3年	4年	5年	6年	合計
昭和33年	46	105	187	205	194	144	881
昭和43年	46	105	187	205	194	144	881 ※1
昭和52年	76	145	195	195	195	190	996
平成元年	80	160	200	200	185	181	1006
平成10年	80	160	200	200	185	181	1006 ※2

※1　「備考漢字」115を加えると996

※2　書きは配当の次学年までかけて定着を図る

表2　学年別漢字配当表の漢字数の変遷

日に至っている。昭和三三年版から平成一〇年版までの小学校学習指導要領における学年別漢字配当表の漢字数は、表2に示したとおりである。

昭和四三年版は三三年版の字数を受け継ぎつつ、上の学年から順次若干繰り下げて指導し、欄外に「備考」として掲げた当用漢字一一五字まで含めて六年間に学習できるよう配慮。五二年版はこの「備考漢字」を本体に吸収して九九六字、平成元年版は字種を若干入れ替えて一〇〇六字の表となる。このように字種の増加が続いたが、平成一〇年版は元年版の表を継承し、漢字の書きについて、配当の次学年までかけて定着を図るよう取扱いにゆとりを持たせた。表に掲げる書体は、昭和五二年版で従来の明朝体から教科書体に改め、以後、これを漢字指導における字体の標準としている。

なお、当用漢字別表は、常用漢字表（昭和五六年一〇月）の制定に伴い廃止された。

注

1　『国語審議会の記録』（一九五二、文部省）は〔候補者を推薦してきた団体〕として二一の団体名を挙げているが（二〇七〜二〇八頁）、改組後第一回の国語審議会総会（昭和二四年一一月一〇日）における挨拶の中で、文部省の辻田調査普及局長は、「二二の団体から一二二名の推薦がありました。」と述べている。

2　『国語審議会の記録』（前出）には「この小委員会から文部大臣に候補者四八名（議会関係二名を除いて）を推薦し」とあるが（二〇八頁）、前注の辻田局長の挨拶では、うち四名が辞退して四四名を推薦したと述べられている。

3　『国語問題要領解説』（「国語シリーズ4」一九五一、文部省）の「まえがき」

4　『文部時報』第八七五号（一九五〇・八）所載

5　憲法草案発表の翌日の昭和二一年四月一八日、次官会議で「各官庁における文書の文体等に関する件」（漢字平仮名交じり口語体採用）を決定。同年六月一七日、次官会議で「官庁用語を平易にする標準に関する件」の実施を申し合わせ。一二月二四日、次官会議申し合わせ事項「公文用語の手びき」を「官庁の用字・用語をやさしくする件」として内閣から各省庁に通達。二三年六月一五日、内閣総理大臣の監督下に「公用文改善協議会」を設置することを閣議決定。国語審議会の公用文法律用語部会は、この協議会の報告（昭和二四・三・一六。その第一部「公用文の改善」は「公用文作成の基準について」として内閣官房長官から各省大臣に依命通達〈昭和二四・四・五〉）を基本資料として審議を開始した。

6　文部省調査普及局国語課長　原敏夫、文部事務官　三宅武郎、同　福田量平の共編。昭和二七年六月、東洋館出版社刊。

7　米国教育使節団の勧告に対する日本側の受け止め方やGHQ内部の事情については、諸家の言及があるのでここでは触れない。戦後、使節団来日前のものも含め、国語審議会総会における何人かの発言と、当時の文部省の実務家の発言を引いておく。

○第八回総会（昭和二〇年一一月二七日）　大村清一文部次官の発言より

わが国は、連合軍の進駐下にあらゆる行政が行われているが、内政上の点について、文部省としては極力自主性を保って行きたい。この点占領軍当局も同意を表して干渉をさけ不必要な指令は発しないと言明したゆえに、わが国は自主的に改むべきことは改めてゆきたい。審議会としてもこの点をじゅうぶんに考えてやってもらいたい。

○第一三回総会（昭和二二年九月二九日）安倍能成会長の発言より

現代日本が連合国ことにアメリカの指揮のもとに万般のことをやっているのはやむをえないが、文化は一朝一夕にできたものではなく、他国人にはまかせられぬ微妙な問題がある。特に国語がそうである。アメリカ人がちょっと日本語を習ってむずかしい、もっと簡単な日本語に改造したらなどというと、それを原因に迎合する日本人もあるが、そういうことなくみずからしっかりした研究の上に問題を解決していきたい。その意味で国語研究所の設立を希望するのである。

○第一六回総会（昭和二四年四月一八日）ＣＩＥのマグレール（マック・グレール）(Mc.Grail) の挨拶より

日本の国語問題は日本人の手にゆだねられている。わたくしは日本の国語について何の知識もないが、審議会のお手つだいには喜んで当りたい。審議会の過去の業跡を立派だと思う。将来もその尽力を信じて有望のものと思う。どこの国の国語もその国の文化と密接な関係がある。国語と文化との間に変更をきたすことはむずかしいが、審議会で危険のないように健全な審議を希望する。

○第一七回総会（昭和二四年七月三〇日）ＣＩＥのスタルネーカー (Stalnaker) の挨拶より

諸君はまことに重大な問題の解決に当っているのであるが、つねに勇敢に突進していること、政治と別問題にして検討していることに敬服している。言語の問題にはなお幾多の問題をふくんでいるが、専門の学者たちはこれらの諸問題を解決する可能性を有していることを信じる。

○第四四回総会（昭和三六年一一月三〇日）森戸辰男委員の発言より（昭和二二〜二三年文相在任時を振り返って）

文部省にいた当時、ローマ字問題がやかましく、占領軍の係官から公式にではないが、日本でもローマ字を使えという話もあったが、もってのほかのことと強く反対した。「占領治下」で敗戦国にそういうことをもってくることは、国民が承知しない。国語を大きく変えるということは文化の伝統を中断することだといって強く反対した。

○座談会「戦後国語施策の出発―昭和二〇年代を振り返る―」（文化庁『国語施策百年の歩み』〈二〇〇三〉所収）における林大（昭和二一年から文部省国語調査室〈翌年国語課となる〉勤務。後に国立国語研究所長）の発言より

国語審議会が、漢字制限をやる。当用漢字表を作る。それから、仮名遣いを改定するということについて、GHQは特に指図はしなかったと思いますね。それは、やはり立場としては日本人がやることだという考え方を持っていて、それを押し付ける――漢字は廃止しろとかローマ字にしろという命令をすることは避けた。（中略）文部省とCIEとの間で、凱旋道路じゃなくて降伏道路というのがあって、みんな通らなくてはならなかったんですよ。課長とか、課長補佐とか度々行かれましたね、大変でした。後になると、私も歩いたんですけれどもね。そこを通ってペルゼルのいた放送会館に行ってね。だけれども、国語審議会に対してお目付けというようなものはなかった。ローマ字をやれと言っても、日本人のやることだということで――やるように勧めはしたんだろうけれども。

ローマ字に関しては、国語課にもローマ字係があって、中村通夫さんが係じゃなかったかと思うんです。ローマ字の教科書の草案なんか持っていかれたら、向こうの検査をする女性に、これは表紙の子供の足が細すぎる、もっと健康的に太くしろと言われたなんていうことを聞いたけれども、そういう程度の――ローマ字をやりなさい、やりなさいと言っただけでどうしろということはなかった。我々自身が決めなければならないということは、アメリカの側でも考えていたようですね。

8　心理学者の元良《もとら》勇次郎と松本亦太郎《またたろう》によるもので、一定の大きさの平仮名・片仮名を書くのに、片仮名の方が早く書け、一定時間内に平仮名・片仮名を読むのに、片仮名の方が字数を多く読めるという結果であった。

9　『国語教育史資料　第三巻　運動・論争史』（一九八一、東京法令出版）に、論争の主な資料が収録されている。

第三章　改革への賛否と施策の見直し

一　仮名遣い論争

1　論争のきっかけとなった小泉信三の主張

第一章で見たように、昭和二一（一九四六）年一一月に内閣告示された当用漢字表と現代かなづかいは、各分野に急速に浸透していった。しかし、この新表記の内容や考え方について、推進派、反対派の間で議論が戦わされたことも当然であった。審議会内部からも、かなづかい主査委員会の一員であった時枝誠記が、告示の二か月後、『国語と国文学』昭和二二年二月号に、「国語審議会答申の「現代かなづかい」について」を書き、「歴史的変遷の事実」や「体系の保存」を重視する立場から、現代かなづかいに批判を加えている。

その後、賛否の議論は続いたが、特に昭和三〇年前後に展開された現代かなづかいをめぐる激しい論争は有名である。

きっかけとなったのは、経済学者で慶応義塾長を務めた小泉信三が、昭和二八年二月号の『文芸春秋』に寄せた、「日本語―平生の心がけ―」と題する論であった。小泉は、「近年、文化財の保護といふことが重視されてゐるが、吾々の護るべき第一の文化財は、日本語そのものでなければならぬ」との認識を示し、「国語の連続性不変性」尊重の立場から、「歴史的仮名遣改正の問題は、すべて速かに白紙に返し、我国文化の大問題として、これを世間の前で、三年五年を費して充分に論議し、自ら議論の帰着するのを待つて、それに従つて改正するのが好いし、また一致した改正意見が得られなかつたら、それを思ひ止まるべきものと思ふ。」と述べた。また、漢字制限については、その理由を認めつつ、自由な表現を拘束する窮屈なものにならないことを願うとした。最後に、何でも骨が折れることをすぐやめたり改めたりする傾向がありすぎるとして、「少し勉強して見給へ、存外易しいから、と力づける法を加味することも、必要と思ふ。」と結んでいる。

2　その後の論争の展開

右の小泉の主張に対し、金田一京助が同年の『中央公論』四月号に「現代仮名遣論―小泉信三先生にたてまつる―」を、桑原武夫が『文芸春秋』四月号に「みんなの日本語―小泉博士の所説について―」を寄せて反論した。

金田一は、古代・中世・近代の英語の例を挙げながら、どの言語でも音標文字は時代を異にすれば違った書き方をすることを説き、一千年前の古典仮名遣いをいつまでも守らせるのは歴史に目を塞ぐことであること、現代かなづかいは表音式仮名遣いではなく、現代語音に基づく正字法であって、国語に不必要な混乱を招くものではないことを主張した。

桑原は、小泉の意識する知的エリートだけでなく、国民全部の知的水準を上げるべきことを説き、昭和二三年に行われた「日本人の読み書き能力調査(注1)」で満点が六・二パーセントしかいなかったことなどを挙げ、日本語の表記法が難しすぎ、改良を考えるのは当然であることを主張した。

その後、約二年を隔てた昭和三〇年から翌年にかけて、福田恆存《つねあり》、吉川幸次郎の論に始まる左のような論争が展開された。

① 福田恆存「国語改良論に再考をうながす」(『知性』昭和三〇・一〇)
② 吉川幸次郎「旧かなを主張する人々へ—かなづかい三論—」(『知性』昭和三〇・一〇)
③ 金田一京助「かなづかい問題について—福田恆存氏の「国語改良論に再考をうながす」について—」(『知性』昭和三〇・一二)
④ 桑原武夫「私は答えない—福田恆存氏の「国語改良論に再考をうながす」について—」(『知性』昭和三〇・一二)
⑤ 福田恆存「再び国語改良論についての私の意見」(『知性』昭和三一・二)

⑥ 金田一京助「福田恆存氏のかなづかい論を笑う」（『中央公論』昭和三一・五）
⑦ 高橋義孝「国語改良論の「根本精神」をわらう—金田一博士の「福田恆存氏のかなづかい論を笑う」を読んで—」（『中央公論』昭和三一・六）
⑧ 金田一京助「高橋義孝氏へのお答え」（『中央公論』昭和三一・七）
⑨ 福田恆存「金田一老のかなづかひ論を憐れむ」（『知性』昭和三一・七、八）

これらの中で、②の吉川幸次郎の論は、自分は「あを（青）、かほ（顔）、おに（鬼）、をとこ（男）」などを記憶して使いこなすことはできないから、現代かなづかいを使っていること、古典の表記法と合致することが歴史的仮名遣いの長所とされるが、古い仮名遣いを知っただけで古典を読めるわけではないことなどを述べた素直なものである。しかし、これらの多く、とりわけ金田一と福田の論争は、互いの不快感の表出や、嫌みや揚げ足取り的攻撃の入り交じった、決して読後感のよくないものである。

福田恆存（1912 ～ 1994）

福田の①は、先に紹介した金田一と桑原の論への反論として、当用漢字表・現代かなづかい制定の経緯に納得がいかず、国語改良案はもっと論議すべきであることなどを述べているが、その中の「レトリック」に愛想を尽かした桑原は、「口げんかはしたくない。」と、④で論争を拒んだ。福田は「現代かなづかひが「いゝものだ」といふ理屈はどこからくるか。粗雑な頭からくる、さういふよりほかに仕方はありません。」などと言っていた。金田一は③で、福田の物言いに対する不快を抑えつつ、言語の史的変化と綴り方について、福田に六つの問いを突き付け、現代かなづかいの性格や自分の言語観などについて説明した。

次の⑤では、福田は金田一の問いに答え、英語史の蘊蓄で対抗し、歴史的仮名遣いを「現代かなづかひより合理的」で「現代かなづかひほどむずかしくもない」と力説する。中で、金田一は「専門家として失格者か、あるひは、ためにする詐術を用ゐるひと」、桑原は「粗雑な頭といはれてもしかたあるまい」など、端々に挑発的な言葉を挟み、「千年前の綴りをそのまゝ用ゐる国」が日本以外に「たくさんあります」と、勇み足も出す。

⑥は、⑤を受けて、金田一としては以前より激しい物言いで、平安時代の古典仮名遣いを今に常用していたことが異例で変則的であることを強調し、福田が自分の質問の一部に「率直に答えずに逃げたのだ。」、「「卑怯な人」に自分で甘んじたわけね。」など嫌みたっぷりで結ぶ。

⑦は金田一の「根本精神」を、言語を「手段」と考える一種の合理主義と捉えて批判し、⑧はそれを黙殺すると答えたもの。

⑨は⑥への反論であるが、「老が相手では埒があきませんから」と、文部省国語課と国語審議会と一般読者に、歴史的仮名遣いの必然性などを説く。歴史的仮名遣いがいかに合理性を有するかを、かなり丁寧に熱を込めて論じているが、「金田一京助さん」を「睾大痴狂助惨」と書く悪趣味や、「本

質音痴の金田一さん」のような攻撃的な表現も表に出ている。

金田一も福田も、相手が自分の主張の本質を理解できない者だと言い、自説を述べ立て合って論争は終わった。
⑨と同時期に出た国語審議会の「正書法について」は、福田がまさに強く意識していた「語意識」をキーワードに、現代かなづかいの適用理論を構築しようとしていた。福田は、「語を構成するかなづかひ法として、あくまで合理的であらうとする」(⑨)立場である。無論、福田のように歴史・伝統を重視する表語・表意の仮名遣いの立場をとれば、現代語音や一般的な現代人の語意識に基づく仮名遣いの考え方とは対立せざるを得ない。しかし、一連の議論をもう少し冷静に行えなかったものかと残念に思われる。
——昭和三一年七月発表の『経済白書』は、前年の経済分析を通し、「もはや「戦後」ではない。」と宣言した。その頃のことである。

二　「送りがなのつけ方」制定

1　正書法部会による取組み

昭和三一（一九五六）年一二月に第四期国語審議会が発足、会長には引き続き土岐善麿を、副会長にはかつて文部次官を務めた有光次郎（秀英出版社長）を選出、明けて一月二一日の第三五回総会で、正書法部会、話しことば部会、政策実施等の小委員会が設置され、以後各々活動した。

同期の成果として総会で議決されたものは、正書法部会が作成した「送りがなのつけ方」一件である。

正書法部会は、前期に第一部会長を務めた原富男（東京教育大学教授）を部会長とする二三名。(注2) まず審議事項の選定からスタートし、当用漢字補正案の問題、現代かなづかいや当用漢字音訓表の適用の問題、当用漢字の部首整理の問題、固有名詞の問題など、浮上した諸問題の中から送り仮名の付け方を選び、正書法の立場から審議することに決定した。

この問題を取り上げた理由について、原部会長は、「送りがなのつけ方」が議決された第三七回総会で次のように述べている。

現在国語表記で送りがながまちまちで困っている。この現状からみて、送りがなについてのよりどころを決めることは社会のためでもあり、また当用漢字が制定されたそのあとしまつの責任の一端を果たすことにもなるという考えから、けっきょく送りがなの問題について審議することに決まった。

この部会長の言葉にある〝送り仮名の不統一〟は、かねて問題となってきたことである。例えば明治一〇年代に文部省編輯局が作成した「送仮名写法」(注3)の冒頭には、「本邦ノ文」において「読者ノ便ニ供フル」ものである送り仮名が、「其法未ダ全ク備ハラズ、古来人々其軌ヲ同ジウセズ、甚シキニ至テハ、同一人ニシテ数様ニ写スモ亦之アリ」という状態であることが指摘されている。その頃から昭和戦後に至るまで、内閣官報局や国語調査委員会、文部省国語調査室といった政府機関や、新聞社など、また個人からも送り仮名法の案が発表され、分野によっては統一が図られたが、社会全体としては「まちまち」な状態が続いたのである。

原部会長は同じ総会の発言の中で、送り仮名の不統一である理由について、誤読・難読を避けるために便宜的に送られてきたものである上に、「動詞の自動・他動をはっきりさせる」「漢字の読み方を一定する」といった異なる原理によって送られるようになってきたことを指摘し、したがって、送り仮名の統一は困難ではあるが、漢字や仮名の長所を生かす正書法の立場から、敢えて困難な仕事にぶつかっていったと述べている。

2 「送りがなのつけ方」の建議と告示

正書法部会は昭和三二年二月から翌年一〇月までに二六回の会議を開き、明治以来の主な送り仮名法の条項を整理するとともに、日常使われる語で送り仮名が問題となるものをできるだけ集め、一語一語について送り仮名を決定していった。その成果は二六の通則のもとに整理され、「「送りがなのつけ方」用例集」を添えて、三三年一一月一八日の第三七回総会に提出され、総会はこれを採択、同日灘尾弘吉《ひろきち》文部大臣に建議した。

これを受けた政府は、各省庁の意見や新聞・雑誌に掲げられた各方面の意見を参考として内容に若干の修正を加えた上で、昭和三四年七月一一日に内閣告示・内閣訓令として公布した。この内閣告示は、当用漢字表以来の他の内閣告示と違い、「各行政機関においてよるべき送りがなのつけ方の標準」と適用範囲を限定している。内閣訓令において各行政機関に対し、「広く各方面にその趣旨が徹底するように努めることを希望」しているのは従来と同様である。

このようにして、明治以来の諸案の蓄積を参照しつつ、当用漢字表・現代かなづかいのもとにおける送り仮名の基準が整備されたのである。

3　内閣告示「送りがなのつけ方」の内容

内閣告示「送りがなのつけ方」は、まえがきと通則とから成り、まえがきの2に、「送りがなのつけ方」の方針三か条が左のように示されている。

(1)　活用語およびこれを含む語は、その活用語の語尾を送る。
(2)　なるべく誤読・難読のおそれのないようにする。
(3)　慣用が固定していると認められるものは、それに従う。

通則は、右の三方針に従い品詞ごとにまとめられた二六項目（1～6＝動詞、7～11＝形容詞、12～15＝形容動詞、16～21＝名詞、22＝代名詞、23～26＝副詞）である。

例えば動詞について見ると、まず「1　動詞は、活用語尾を送る。　例　書く　読む　生きる　考える」と原則を述べ、すぐ続けて、「ただし、次の語は、活用語尾の前の音節から送る。　表わす

著わす　表われる　行なう　脅かす　異なる　断わる　賜わる　群がる　和らぐ」と例外一〇語を示している。この原則的な部分は先の三方針の(1)に、ただし書きは(2)に対応するものと言えよう。

続く通則の2は、「活用しない部分に他の動詞の活用形またはそれに準ずるものを含む動詞は、含まれている動詞の送りがなによって送る。」で、例として「浮かぶ（浮く）　動かす（動く）　及ぼす（及ぶ）　語らう（語る）」など一四語を挙げている。

3〜5は、活用しない部分に他の品詞やその一部を含む動詞に関する通則である。3は形容詞の語幹を含むもの（形容詞の送り仮名によって送る。例　近づく　遠のく　怪しむ　苦しがる等）、4は形容動詞の語幹を含むもの（形容動詞の送り仮名によって送る。例　確かめる）、5は名詞を含むもの（名詞の送り仮名によって送る。　例　黄ばむ　春めく　先んずる等）について規定している。

以上2〜5においては、動詞の自他や複数の品詞にわたって使われる漢字の読み方を一定にし、表記の迷いを防いでいると言えよう。

6は複合動詞に関する通則で、「移り変わる　思い出す」のように「それぞれの動詞の送りがなによって送る」とする。

以下、形容詞その他の品詞についても、語を分類してそれぞれの原則やただし書きを示す。名詞の中で、活用語から転じた感じの明らかなものは、「動き　戦い　近く」のようにその活用語の送り仮名をつけるのを原則とするが、誤読・難読のおそれのないものは「現われ→現れ　向かい→向い」のように「送りがなを省いてもよい」とし、「卸　組　恋」など慣用の固定した一二語は「送りがなをつけなくてもよい」とした。複合名詞になると、慣用の固定した「献立　植木　積立金　取締役」などは「原則として送りがなをつけない」と、省略の傾向が強まる。

告示の最後に付された〔注意〕で、「特に短く書き表わす必要のある場合」（「打（ち）切る」「繰（り）返す」など）と、「表に記入したり記号的に用いたりする場合」（「晴（れ）」「生（まれ）」など）に、「かっこの中の送りがなを省いてもよい」として、複合動詞と名詞の送り仮名を省略してよい場合を付け足している。

この「送りがなのつけ方」は、誤読・難読を防ぐ趣旨から全体として〝多く送る〟傾向にあり、この点、後年見直しの対象となる。

三　五委員脱退す——表音派・表意派の対立

1　第四期における対立的な意見

戦後、新しい国語の在り方を次々に打ち出してきた国語審議会であったが、その内部においても改革推進派と伝統重視派の論議は常に見られた。その対立が、右に述べた第四期審議会の「送りがなのつけ方」の審議の頃から、にわかに露わなものとなった。

同期の初回である第三三回総会（昭和三二年一二月一三日）では、文部大臣の挨拶や会長・副会長の選挙に引き続き、新人委員も交えて自由な意見交換が行われた。中国研究者で早稲田大学教授の実藤恵秀《さねとうけいしゅう》委員は、文学者の間に現代かなづかいを実行しない人が多いことを指摘し、審議会として協力を求めるべきことを述べた。作家の舟橋聖一委員は、自身が国語審議会に「できるだけ協力できるようにと思っている」としつつ、「この中ではわたくしが最右翼であり、松坂委員（松坂忠則カナモジカイ理事長）が最左翼ということになっている。この左右が激しく論争するこの二つの中間に土岐会長がいる。」などと、審議会内の勢力地図を客観的に紹介している。

続く第三四回総会（同一二月一九日）では、成瀬正勝委員（文芸評論家、東京大学教授）が、「現代かなづかいも当用漢字も個人としては反対」という立場を明らかにした上で、既に実施した政策を元に戻すのは「愚かなこと」とし、「漢字の制限や新しいかなづかいがどの程度世間で行なわれているか、今少し時間をかけて見守ってゆくべきである」と述べた。これに対し、都立日比谷高校長の岩下富蔵委員は教育者の立場から、「当用漢字や現代かなづかいが決まって、これが教育面に受け入れられてほっとした。生徒の漢字、かなづかいの学習の負担が減ったと喜んだ。」と見解の相違を明らかにしている。

このように、第四期国語審議会は、国語政策の大きな方向性についての対立する議論を挟みながらも、「送りがなのつけ方」を建議し、その他各部会等の報告をまとめて収束した。

2　国語問題をめぐる審議会内外の動き

続く第五期国語審議会（昭和三四年三月〜三六年三月、引き続き土岐会長）では、設置された部会等で、「地名・人名のかな書きについて」、「語形の「ゆれ」について」などがまとめられ、総会に報告された。しかし、これらの成果が形作られると同時に、審議会内部の対立は深刻化し、一つの決定的な局面を迎えることとなる。

当時、国語問題に関し、国語審議会外部における組織的な動きが活発となっていた。昭和三三年四月、戦後の国語施策を更に推し進めようとする「言語政策を話し合う会」が、片山哲（元首相）、北村徳太郎（元運輸相・蔵相）ら国会議員七〇名、また会長・副会長以下多くの国語審議会委員も参加して結成された。一方、翌三四年一一月には、小汀利得を理事長とする国語問題協議会が各界有志一六〇余名の賛同を得て結成され、福田恆存らと並んで前出の成瀬、舟橋両委員も常任理事に名を連ねた。(注4) 小汀は昭和二一〜二二年当時、国語審議会委員を務め、漢字制限に反対する発言をしていた人である。昭和三二年からは東京放送（後のＴＢＳ）テレビで毎日曜朝、細川隆元と共に「時事放談」に出演し、茶の間にも親しまれるようになっていた。後に、「国語問題では、国語審議会をけん制する意味で、ぼくのポケットマネーを出して寄付金を集め、国語問題協議会を作り、大いに戦ったものだ。(注5)」と語っている。

これら二団体は、それぞれの立場から国語審議会や文部省に働き掛けを行い、また日本文芸家協会も昭和三五年二月、会員を対象として国語政策についてのアンケートを実施し、全体としては国語審議会に批判的な結果を公表した。

3　委員選出方法をめぐる紛糾と五委員の退席

改革推進・伝統重視の両派の対立が抜き差しならぬ局面を迎えたのは、第五期の任期末を控えた第四二回総会（昭和三六年三月一七日）、次期委員を選ぶための推薦協議会委員の互選が議題となった時であった。

昭和二四年改組後の国語審議会においては、「国語審議会の委員及び臨時委員の推薦方法に関する規程」（昭和二六年七月五日、文部省令第一六号）に基づき、国語審議会委員から互選された七人以上一五人以内の推薦協議会が、次期委員を推薦することになっていた。この形式は民主的であるが、審議会の勢力地図が推薦協議会の人選に反映され、その協議会による推薦は、やはり元の勢力関係を再生産するという硬直性を孕んでいた。

当時の国語審議会内外の国語改革推進派・伝統重視派は、世上、それぞれ「表音派」「表意派」と呼ばれた。表意派は、国語表記における漢字使用や伝統的な仮名遣い使用を重視し、改革推進派を、究極的には漢字廃止・表音文字専用を目指す者と見て警戒、非難した。審議会内において表意派は少数であり、危機感を募らせていた。

第四二回総会が推薦協議会委員の互選に入ろうという段取りになった時、表意派の成瀬、舟橋両委員らは強く抵抗し、議論は五日後の二二日に持ち越しとなった。

二二日の会議でも成瀬委員は、表音主義に狂熱的な人々と自分たちの議論は殴り合いのようなもので、共通の場がないなどと主張、日本女子大学附属豊明小学校主事の西原慶一委員は、自分の出

図 10　五委員退場を伝える新聞記事（昭和 36 年3月 23 日、毎日新聞朝刊）

席した二年間に表音主義者が自説を押し通そうとしたことは一度もなく、他の側が自説を固守して耳ざわりだとこれをたしなめ、また、表音派の松坂委員は、ごく少数の表意主義者によって国民多数の実態が無視されることは許しがたいと自説を展開した。舟橋委員は、国語審議会で表音派・表意派の均衡がとれるよう、会長の指名で推薦協議会を作ることを求めたが、種々議論の末、規則に従って互選を行うこととなった。

互選まで一〇分の休憩の間、舟橋、成瀬、宇野精一（東京大学教授）、塩田良平（大正大学教授）、山岸徳平（実践女子大学長）の五委員は相談を行い、再開した議場で、互選には加わらず退場することを宣言して退席、残りの委員により互選が行われ、異様な雰囲気の中で同期の審議会は閉幕した。土岐会長の、「わたくしも、長い間お世話になりました。これで、第五期最終の総会を終わります。」という閉会宣言には、複雑な思いと疲労感がにじみ出ているように思われる。

この五委員脱退事件は関係者および社会に衝撃を与え、国語審議会令の改正を導くこととなった。朝日、毎日、読売の三紙は三月二三日朝刊または夕刊で五委員の退場を報じ、二四日朝刊の三紙一面コラム「天声人語」「余録」「編集手帳」はいずれもこの問題を取り上げている。

四　嵐の後の船出

――国語施策の見直しへ

1　文部大臣、国語施策の再検討を求める

舟橋聖一ら五人の委員脱退事件から半年、発足した第六期国語審議会（昭和三六年一〇月～三八年一〇月）は四五名。うち前期からの継続は有光次郎（吾嬬《あずま》製鋼所会長、国立国語研究所評議員）、石井庄司（東京教育大学教授、国文学・国語教育）ら六名のみで、実に三九名が新任という異例の出発となった。ちなみに、前期第五期の委員四五名のうち、三二名は第四期からの継続であった。第一期から第五期まで会長を務めた土岐善麿も引退、第六期新会長、新副会長に選出された阿部真之助（日本放送協会会長）、池田潔（慶応義塾大学教授）共に新任委員である。

第六期最初の第四三回総会（昭和三六年一一月九日）で挨拶に立った荒木萬壽夫《ますお》文部大臣は、「古

くから今日にいたるまで、国語に関する論議の動向を顧みてみ」ると、大きく分けて、次の二つの考え方、すなわち、「教育上、社会生活上の負担を軽減することによって文化水準の向上に資するという見地から、国語をつとめて簡素化、平易化しようとする意見」と「国語はみだりに人為をもって改変してはならない、また、国語簡素化に急なあまり、文化の継承、創造という重要な面をゆるがせにしてはならないという意見」が主張されてきたとして、次のように率直に語った。

戦後におきましては、国語審議会の答申や建議により、国語についての新しい施策が、相次いで実施されたのでありますが、これらの施策に対しては、一方において、主として前に述べた後者の立場からして、強い批判的意見が存在しております。ひいては国語審議会のあり方についてもいろいろの意見が出ておりますのが、偽らぬ今日の実情であると存ずるのであります。

次いで、前期の最終総会で生じた、次期委員を選考する推薦協議会委員の選出方法をめぐる紛糾を、「国語問題そのものに対する相反する意見の対立が、この機会に表面化したものと見ることができる」とし、この出来事をきっかけに、社会の各方面で国語問題に関する活発な論議が行われていることを指摘して、この事態に当面した文部省の見解を次のように明らかにした。

新たに構成される審議会においては、従来のように、次々に具体的な国語施策を打ち出すというやり方をいちおうやめて、ここで国民の間のいろいろな意見にじゅうぶん耳を傾け、また従来の実績にも反省を加えつつ、大局的な観点から国語問題の基本的なあり方についてご検討を願い、今後ゆらぐことのない国語の考え方を確立していただくことが、最も必要であると考えたのであります。

このため、「社会の各方面を代表する達識のかたがたで、国語の問題を高く広い視野から見ることのできる立場にある人」を推薦してくれるよう、推薦協議会に依頼した結果が新審議会の顔ぶれであるとし、(注6)「今後の審議会のあり方や運営方法についてもじゅうぶんにご意見を拝聴して、改めるべき点は改めてまいりたい所存」であると述べ、終わりに、現行の委員選考方法である推薦協議会の制度には再検討を要する点があるので、いずれ機を見て改善を図りたいと付け加えた。

2　国語問題の再整理

右の大臣の意向を受けた国語審議会は、続く三回の総会を、国語審議会の在り方、運営の仕方、審議結果の実施その他についての自由な討論に充て、その流れを受けて、運営委員会および第一から第三までの各部会を設置、各部会は審議結果を同期最終の第五一回総会（昭和三八年一〇月一一日）に提出した。総会は、第一部会提出の「国語改善の考え方について」を原案どおり、第二部会提出の「これまでの国語施策について」と第三部会提出の「これから改善をはかる必要のある問題について」を一部修正の上可決、これらをまとめて「国語の改善について」として、同日付けで灘尾弘吉文部大臣に報告した。

第一部会がまとめた「国語改善の考え方について」は、明治以来の国語施策、言葉や文字の性質などについて簡潔に整理し、「むすび」として、「国語の改善を考えるにあたっては、国語を歴史的に形成され発展していくものとしてとらえ、過去における伝統的なものと、将来における発展的創造的なもののいずれをも尊重する立場に立ちながら、各方面の要求を考慮して、適切な調和点の発見に努めなければならない。」、「国語改善審議の具体的な目標は、国語問題の中で緊急にその解決が求められているものについて、将来を見通しつつ最も現実に即した解答を与えることであろう。」などと述べている。伝統と革新の調和点を見極めつつ、喫緊の問題への現実的な対応を通じ、漸進的に国語の改善を図っていくべきだということであろう。

第二部会による「これまでの国語施策について」は、戦後の国語施策には社会的教育的意義があったが、学術・文芸方面などにも一律早急に強制するかのような誤解も生じたことから、今後は個々の施策の趣旨を更に徹底する処置の必要があるなどと指摘した上で、当用漢字表、同音訓表・字体表、現代かなづかい、送りがなのつけ方について、それぞれ検討を要する点を具体的に挙げている。なお、相良守峯《さがらもりお》第二部会長（慶応義塾大学教授、ドイツ文学）は総会への報告の中で、「これまでの審議の趣旨、方針などを検討した結果、これまでの施策は、法令、公用文、新聞、教育などの分野における基準を示すために、漢字かなまじり文の現状に即して整理したものであり、表音文字化を意図したものではないことが明らかになった。」と述べている。

第三部会の「これから改善をはかる必要のある問題点について」は、話し言葉、文、語句、文法・文体、音声・発音、文字・表記法、ローマ字の諸分野にわたって検討した結果、緊急に解決を要する具体的問題として、「1 話しことばの敬語的表現について、2 漢語の言いかえ・書きかえについて、3 国語の標準的発音について、4 わが国の地名・人名の書き表わし方について」の四点を指摘、特に「1」を「第一に取り上げるべき問題」として、やや具体的な分析を示した。

「1」について、「この問題を審議するにあたっては、次のような態度・方針によるべきである。」として挙げられた五項目の中に、「(3) 決定に際しては、正しい形・誤った形というような示し方をせず、慣用されていると認められる形とか、適当と認められる形とかを示すようにする。」「(4) 実例を示すことを心がけ、なるべく具体的な場面を設定し、語句の形ではなく文の形としてあげるようにする。」がある。「話しことばの敬語的表現」が実際に国語審議会の課題として取り上げられるのは、三〇年後の平成時代を待つことになるが、これらの項目は、形式的標準を追求することから、使用実態を分析して運用の指針を示そうとすることへとシフトしていく、二〇世紀末以降の言葉遣いに関する審議の方向を、既に表していたと言えよう。

五　第七期国語審議会と吉田提案

1　国語審議会令改正と第七期国語審議会

第六期国語審議会任期途中の昭和三七（一九六二）年四月二七日、国語審議会令が改正され、国語審議会は自主性の強い建議機関から文部大臣の諮問に応じる諮問機関（必要と認める事項については建議もできる）となり、委員の選出方法は、推薦協議会方式（「文部大臣が定める方法で推薦された者のうちから、文部大臣が任命する。」）をやめて、単純に「文部大臣が任命する。」とされた。

その新しいルールのもとで選出された第七期国語審議会委員は、全四九名のうち前期からの留任が三七名、新人が八名で、あとの四名は第五期に委員だった者の返り咲きである。その返り咲きの中に、第五期末に脱退した表意派の五人の中の宇野精一と塩田良平が入っており、ほかに国語問題協議会から、第六期から継続の吉田富三（ガン研究所長）と新任の市原豊太（青山学院大学教授、フランス文学）も委員となった。塩田良平によれば、国語問題協議会は前期の報告「国語の改善について」にも新委員の顔ぶれにも反対であり、この四人は「協議会直接の推薦者としてではなく」「相互理解の下に個人的な立場から入会」し、「協議会としては人員に不足はあるが黙認といふ形になった。」ということである。（注7）なお、塩田の記述には出てこないが、前期から継続の細川隆元委員（政治評論家）も国語問題協議会の理事に名を連ねた人であり、彼は前期国語審議会以来、運営委員会（国語審議会の運営——会議を進行するための手続を協議すること——を任務とする。会長・副会長ほか数名）の一員にもなっていた。

第七期の初回である第五二回総会（昭和三九年一月二三日）では、さっそく市原委員が「今期は、まず、戦後の国語変革の諸施策をいちおう白紙に返して、それからその施策の可否を検討してほしいということを提案する。」と切り出し、その内容に石井庄司委員が反論、細川委員が「最初から対立した意見の衝突では議事が進行しない。」と述べる一幕や、波多野勤子委員が、「会議で意見が対立するのはいいとして、もう少しなごやかにできないものか。」と苦言を呈する場面もあった。

その後、この期の審議会は、前期の報告「国語の改善について」の趣旨に基づき、当用漢字表および送りがなのつけ方の再検討と、発音のゆれについての審議を行った。なお、今期の会長は、当初、前期に引き続き阿部真之助が就任したが、阿部の死去により、昭和三九年一〇月から森戸辰男（日本育英会会長）が務めた。

2 吉田提案とその審議

その間、世に「吉田提案」と称される、吉田富三委員の私案をめぐる論議があった。吉田委員は次の四つの議案を第五三回総会（昭和三九年三月一三日）に提出した。

① 小学校の漢字教育について
② 「現代かなづかい」制定の基本方針について
③ 国語に於ける伝統の尊重について
④ 国語審議会が審議する「国語」を規定し、これを公表することに就て

吉田富三（1903〜1973）

右の①は、漢字教育に独自の方式を創案した石井勲《いさお》氏の主張と実績を、国としても研究ならびに採用検討すべきこと、②は、現代かなづかいが新しい仮名遣いの創造を企図したものか、歴史的仮名遣いの修正なのかを明らかにすべきこと、③は、国語における伝統尊重の具体的方策を審議することを、それぞれ提案したものである。④は、

議案――国語審議会が「国語」に関して審議する立場を、次の如く規定して、これを公表する。
「国語は、漢字仮名交りを以て、その表記の正則とする。国語審議会は、この前提の下に、
国語の改善を審議するものである。」

というもので、いわゆる「吉田提案」とはこれを指す。実は、④は第六期にも一度提出され、今回再提案されたものである。(注8) ④には、かなり長い「提案理由」が付されており、その概要は次のごとくである。

明治以来今日に至る国語政策は、「漢字全廃」を究極の目標に置き、その中間手段として、漢字制限、仮名遣いの表音化等を進めようとするものである。

しかし、自分にとっては、漢字仮名交じり文で表記する言葉以外のものを「日本語」として念頭に置くことはできない。そこで、議案に述べたように「国語」あるいは「国語問題」を規定して、これを国語審議会の名で公表することができるかどうか審議してほしい。

審議の結果、この大前提が明示されるならば、漢字と仮名を国字として尊重しながら、その上で、国語の表記を正確に、平明に、美しくするための審議が漸進的に進められるようになり、国語教育の基本も確立され得るであろう。

なお、この提案は、副次的・便宜的なローマ字・カナモジ表記やその教育を否定するものではない。また、極めて遠い将来における日本語の在り方を問題にしているのでもない。

吉田の四提案はその後の第一部会で審議され、①〜③はそれぞれの問題を部会で検討する際に取り上げることにして、④に関する部会内の意見の概要を、相良守峯部会長が第五六回総会（昭和四〇年三月一九日）に報告した。それは、国語審議会が漢字仮名交じり文について審議するのは当然であり賛成だが、このことを今日の時点でわざわざ声明するには及ぶまいという意見が多数だという内容で、報告を受けた総会の大勢も同様の空気であった。

森戸辰男（1888 ~ 1984）

第七期最終の第五七回総会（昭和四〇年一二月九日）でも、同議案について吉田委員から重ねて詳しい趣旨説明があったが、過去に文相経験のある森戸会長[注9]は、「わたしがこれまでに二度文部大臣を勤めた経験からいっても、今日、文部省が漢字全廃ということを基本方針としていることは考えられない。あなたの大きな誤解ではないか。」、「明治三五年の国語調査委員会の方針が現在も生きていると考えるかたは、文部省のなかにもいないと思う。わたし自身、過去に文部大臣として、そういう方針を受け継いだことのないことを、責任をもって明言する。」とコメントし、審議の結果、次のような総会の意見を発表することとなった。

吉田提案について

（昭和四〇年一二月九日新聞発表　国語審議会会長　森戸辰男）

吉田提案については、過去三回の総会において審議されてきました。国語審議会においては、今日まで漢字かなまじり文を前提として審議を行なってきたのであります。文部省においても漢字かなまじり文を対象としてきているので、漢字全廃ということは考えられません。

したがって、あらためて漢字かなまじり文を正則とするということを公表するということは、かえって誤解を生ずるおそれがあるという総会の意見でありました。

3　吉田提案の論拠

このように、いわゆる「吉田提案」は、国語審議会全体の共感を得ることができなかった。これまでもその前提でやってきたのだから、改めて宣言するのはかえって誤解を招くというのが大勢の空気であった。

提案をした吉田の主張の要点は、「明治以来続いている国語問題論争の根幹は漢字廃止の可否の論である。文部省は今も漢字全廃の方針を堅持していると思う。これは重大な問題なので、国語審議会で審議すべきである。自分の所見が誤っているなら、漢字を国字として認め、その前提で審議することを、国語審議会として公表し、国民の疑惑を払拭すべきである。」ということである。

総会での森戸会長の発言でも触れられていたが、序章で記したように、国の機関が漢字廃止を目標とする内容の文言を公にしたのは、明治三五(一九〇二)年七月、国語調査委員会の「国語調査方針ト調査事項」第一項、「文字ハ音韻文字(「フォノグラム」)ヲ採用スルコト、シ仮名羅馬字等ノ得失ヲ調査スルコト」である。その後、文部省あるいは国語審議会でこの方針が廃棄または修正されたことを聞かないから、文部省の中には音韻文字採用の方針が生き続けているのだ、と吉田は主張したのである。

4 国字問題をめぐる国語審議会、文部省の意識

国語審議会には表音文字使用を理想と考える委員等もいて、反対者との論争もあったが、会議における何らかの結論として表音文字採用を謳ったことはない。

敗戦直後、昭和二〇(一九四五)年一一月の第八回総会で、文相挨拶は、新日本再建に当たり、あらゆる改革の前提としての国語問題の解決、殊に文字改革の必要を強調、国語審議会は標準漢字表の再検討を始めた。

当用漢字表の選定を行った「漢字に関する主査委員会」の山本勇造委員長は、同委員会(昭和二

一年一〇月）で、当用漢字表は社会情勢に応じて数年ごとに修正し、将来は別に作る教育漢字表の線にまで近づけたいとの希望を述べた。当用漢字表を議決した二一年一一月の第一二回総会では、当用漢字表の字数を将来更に減らす方向に、安倍能成会長（前文相）も同意した。その安倍会長は、二二年九月の第一三回総会で、「漢字とかなを用いて書くいま行われているような、国語を書きあらわす形式が、いちおうの基準として肯定されることもまた論のないことと思います。」と、漢字仮名交じり文を表記法の前提とする見解を示している。

改組後、第一期国語審議会（昭和二四～二七年）の漢字部会は、当用漢字表の字数を「しだいに減らして、教育漢字程度にまですることが理想とされている。」という了解を前提に、漢字表補正の方針と態度とを検討した。しかし、「字数はあまり問題にしないで一八五〇字以上になってもいいか、それとも当用漢字表の精神を尊重して減らしていくべきか。」などの点で種々の意見があって、容易にまとまらなかった。同期の第一三回総会（昭和二七年三月）には、国立国語研究所とも連携し、資料を整備して漢字問題の解決を図るべきだとの結論を報告している。

第二期国語審議会（昭和二七～二九年）の漢字部会は、「当用漢字表を、その制定当時の精神にそって守りぬくこと」を部会の基本態度として確認したが、その際、字数を減らすべきであるとの方針を事前に謳う必要はなかろうとの意見を採用し、結果として同数（二八字ずつ）の増・減を案とする「当用漢字表審議報告」（補正資料）をまとめた。その補正資料を再検討した第五期（昭和三四～三六年）の第一部会の記録には、五種類に整理された意見の一つの中に、「当用漢字表は、五年や一〇年で変えてはならない。朝令暮改は、当用漢字表に対する信頼をなくするだけでなく、まじめに実行しようとしている人に大きな迷惑をかけることになる。」というものがあり、もはや一般に定着した当用漢字表を簡単には改変できないという意識が確認できる。部会全体としても、当用漢字表修正には新たに周到な準備による再検討が必要だとする慎重な姿勢をとった。当用漢字表制定から一五年、この時には、制定時に勢いを持っていた「漢字を減らす」という方向性も、既に審議会の中で力を失っていたと言ってよいであろう。

文部省内については、先に見たように、昭和四〇年の第五七回総会（第七期）で森戸会長が、明治三五年の国語調査委員会の方針が受け継がれているという見方を強く否定した。その前の期の第四四回総会（昭和三六年一一月）では、「国語を将来、ローマ字で統一するという方針を当局ではとっているのか。」という丹羽文雄委員（日本文芸家協会理事長）の質問に、緒方信一文部事務次官が、「当局としては、そういう考えはもっていない。一般に出ている国語に対する不安というのは、このまま国語政策が進めばローマ字になる、かな文字になるという心配があるということのようである。そこが問題ではなかろうか。（中略。国語審議会の審議は）漢字かなまじりの文が国語の姿であるというところから始めていただくのが順であろう。」と答えている。

これらから読み取れる戦後の国語審議会の大方の意識、また文部省の意識は、一貫して基本的に漢字仮名交じり文を前提とし、その改善への志向の中で動いてきたと言える。

5　表音文字化志向の運動など

一方、昭和三〇年代に入って、表音文字化の方向で更に文字改革を進めるべきだと考える人々の目立った動きもあった。

「言語政策を話し合う会」には政界や国語審議会の有力者なども名を連ねたが、その「宣言」（昭和三三年四月一〇日）には、当時の中国の文字政策を意識して、「中国はローマ字への道をふみだした。もはや、漢字をつかう国は日本だけになろうとしている。これはうかうかしていられないおおきな問題である。」、「現代の文化は、うつくしいコトバ、耳にきいただけでわかるコトバをただしくつかうことによってなりたつ。（中略）これからはカタカナやローマ字のような表音文字をつかうことによって、民族もちまえのコトバづくりのちからをよみがえらせ、国語を愛するきもちをもりあげなければならない。」などの文言が躍っている。この会の掲げた「さしあたりの仕事」は、漢字制限・現代かなづかい・ローマ字教育などの徹底や、国会において「なるべくわかりやすいうつくしいコトバをただしくつかうようにする」など、漢字仮名交じり文使用の枠内に属することではあったが、表意派が警戒・反発したのは当然である。

国語審議会でも、例えば第五期の第三九回総会（昭和三四年四月一七日）でカナモジカイの松坂忠則委員（言語政策を話し合う会にも参加）が、「最も強く希望することは、今日の世界情勢から見て、日本も漢字を全廃するという方向を示すことが必要であると思う。」などと発言している。第六期の第四四回総会（昭和三六年一一月三〇日）では、吉田富三委員が、言葉はものを考える手段であり漢字制限は言葉の制限だ、漢字なしに現代医学の研究は進められないと述べたのに対し、ソニー株式会社社長の井深大《まさる》委員が、「ものを考える手段として漢字でなければならないという意見に反対である。」と述べて、吉田委員との間で議論となった。第七期には、第一部会で藤堂明保《あきやす》委員が、（千年、二千年先の）遠い将来に漢字使用が先細りになるだろうという予測を示したのに対し、第五七回総会で表意派の委員が神経をとがらせた。

このような緊張関係の中で、吉田委員や彼を支持する国語問題協議会の委員らは、「吉田提案」を推し続けた。結果は見てきたとおり、改めて宣言する形でなく、国語審議会が漢字仮名交じり文を前提に審議することが明示されたのであった。

6　中村文相、「国語の表記は漢字仮名交じり文」を確認

期を改めて、第八期国語審議会の初回。第五八回総会（昭和四一年六月一三日）において、中村梅吉文部大臣は国語審議会に「国語施策の改善の具体策について」を諮問した。その時の挨拶の中に、文相は、「今後のご審議にあたりましては、当然のことながら国語の表記は、漢字かなまじり文によることを前提とし、……」との文言を挟んだ。

細川隆元委員はこれを捉え、「文部大臣の英断によって漢字かなまじり文という基本的立場がはっきりと打ち出され、具体的な諮問がなされたことは非常な進歩であって、あらためて敬意を表したい。」と応じた。

後に国語問題協議会会長になった宇野精一は、この期には委員ではなかったが、中村文相の発言について、「「あー、これでやっと決まった」と思ったものです。明治三十五年の国語調査会の方針がやっと否定されたわけです。」と語っている。(注10) この文相発言は、漢字廃止を危惧・警戒する人々からすれば、長らく喉に刺さっていたとげが抜けたような思いにさせられるものだったのであろう。

こうして、平安時代以来我が国で育まれてきた漢字仮名交じり文を前提とすることを明確にして、国語施策の改善に向けた作業が新たなスタートを切ったのである。

六　新たな表記基準の策定に向けて

1　文相、「国語施策の改善の具体策について」諮問

第八期国語審議会の冒頭、昭和一〇年以来三一年ぶりに行われた文部大臣からの諮問は「国語施策の改善の具体策について」、諮問理由は次のとおりであった。

これまでの国語施策には、実施の経験等にかんがみ、種々検討を要する問題があると考えられるので、この際、再検討を加え、その改善を図る必要がある。

この「諮問理由」に続き、「検討すべき問題点」として、「1　当用漢字について　2　送りがなの

つけ方について　3　現代かなづかいについて　4　その他上記に関連する事項について」の四点が挙げられている。すなわち、戦後、国語審議会が答申または建議し、昭和二一年から三四年までに内閣告示として実施された一連の表記に関する施策を全面的に見直し、新たな基準を策定するという根本的な作業を、文相は同審議会に求めたのである。

右の問題点1〜3にはそれぞれ短い説明が付されている。1に関しては、当用漢字表（別表を含む）の取扱い方、漢字の選定方針およびその取捨選択、音訓整理の方針および音訓の取捨選択、字体の標準に関する方針および各字の字体の標準について検討する必要があるとする。2に関しては、送りがなのつけ方に関する方針およびその内容について、3に関しては、現代かなづかいの内容上の問題点について検討する必要があるとしている。

2　文部省・文化庁による意見収集

この諮問を挟む数年間、文部省の国語課——昭和四三年六月以降は新たに発足した文化庁の国語課——が、施策に関する意見収集を盛んに行っている。国語政策の転換期にあたり、国語審議会の事務局として、教育現場や国語関係者の声を直接聞き、情報を集約したのである。

例えば、昭和三九年一〇月に盛岡市で開催された東部地区国語教育研究協議会では、参加した小・中・高等学校の教員に、当用漢字表、同音訓表・字体表、当用漢字別表と学年別漢字配当表、現代かなづかい、送りがなのつけ方、その他について、選択肢と自由記述の形でアンケートを実施した。冒頭の当用漢字表に関する項目は、「1 だいたい今のままでよい 2 廃止するのがよい 3 修正する必要がある（ア 字数をふやす イ 字数を減らす ウ 字種を入れかえる） 4 その他の意見」（4は自由記述）となっており、続く他の項目も、簡明かつ根本的な問いである。回答数五七のうち、当用漢字表については「修正する必要がある」（三六）、現代かなづかいについては「今のままでよい」（三四）が多数であった。同様のアンケートは、翌四〇年の国語教育研究協議会でも実施された。

昭和四二年度には、国語審議会の審議の参考に資することを目的として、国家機関、報道・出版・広告関係その他合計約一〇〇〇の機関・団体と、公務員（学校教職員を含む）、報道・出版・広告の関係者、学識経験者、学生その他合計約二〇〇〇の個人を対象に、国語表記に関する意見収集が行われた。

昭和四三年一二月には、文化庁次長や文化部長、国語審議会副会長・各部会長・小委員会委員長も出席して、「国語施策に関する意見を聞く会」が大阪府庁別館の講堂で開催された。ここでは、まず国語審議会側から全般および各部会等の審議経過概要説明があり、続いて八人の公述人（小・中学校、教育委員会、新聞社、放送局、出版社の各関係者）の意見発表、質疑応答と意見交換が行われた。

3　自民党小委員会の審議と結論

この時期、政権与党である自由民主党も、国語政策の方向付けに積極的に関与しようとした。自由民主党政務調査会文教調査会（坂田道太会長。昭和四一年途中から文教制度調査会）は、昭和四一年一月に「国語問題に関する小委員会」を設置し、審議を開始した。小委員長には参議院議員で随筆家の森田タマが就任。委員には、荒木萬壽夫元文相など大臣経験者のほか、後に英語教育について上智大学教授渡部昇一と論争を交わすことになる平泉渉《わたる》参議院議員などもおり、審議期間中に計一三名が委員を務めた。検討の出発点は、国語問題に関する「終戦後の処理」が「余りにも慎重を欠いた憾みはなかつたか」、「国語審議会で審議の結果実施された国語の諸施策が、果して国民のためのものであつたかどうか、また行政的に行き過ぎてゐないだらうか」という疑念にあり、これについて、「国民政党である我が党の立場から究明して国語政策のあり方を示し、その方向付けを行ふ」ことを、同党は意図していた。(注11)

小委員会は、昭和四一年四月から四三年四月にかけ、有識者からの意見聴取を行った。意見を述べたのは、金田一春彦（東京外語大学教授）、石黒修《よしみ》（教育評論家）、杉森久英（作家）、大野晋《すすむ》（学習院大学教授）、扇谷正造（朝日新聞社論説委員）、松坂忠則（産業能率短期大学教授）、岩淵悦太郎（国立国語研究所長）、木内信胤《のぶたね》（国語審議会委員）の八名である。金田一は、「現在の日本語は過去に比べて、いちばん乱れていない」とし、当用漢字表制定以後、国民の書く力は下がっておらず、読む力は格段に進歩したと主張した。石黒も国語は乱れていないとの立場に立ちつつ、国語教育の充実を訴えた。これに対し、杉森や大野は、歴史や過去の文献とのつながり、また漢字表記や漢字による造語を重視する観点から、戦後の国語政策に反対の立場で論陣を張るなど、各発言者は委員会の席で持論を展開した。

昭和四三年五月一五日、小委員会は二年余にわたる審議の結論を次の三点にまとめた。まず、

一、国語の表記については、「国語は、漢字仮名交り文を表記の基本とする」旨の文部大臣諮問(昭和四十一年六月)の趣旨を尊重すべきである。

とし、中村文相発言を支持した。次に、「二、具体的な問題点について」として挙げられた(イ)～(ト)を、それぞれ要約して掲げれば、

(イ) 当用漢字表・同別表の制限は思ひ切つて緩和すべきである。
(ロ) 正しい字体を基本とし、新字体は便宜的なものとして扱ふべきである。
(ハ) 歴史的仮名づかひを尊重すべきである。
(ニ) 音訓表の読みの巾を広げ、送り仮名を最少限にすべきである。

(ホ) 公用文は右縦書きを原則とし、左横書きは学術等の分野の止むを得ないものに限るべきである。

(ヘ) 漢字と仮名の交ぜ書き及び外来語の濫用を是正すべきである。

(ト) 敬語の乱れは特に教育の場で正すべきである。

ということである。そして、

三、国語表記に関する内閣訓令・告示等については、前二項の趣旨に基き廃止または改訂すべきである。

とした。この結論は、文教制度調査会と政調審議会の諒承を経て、五月二七日に総務会で決定された。

この間、五月二一日に、文部省文化局は自民党の結論に対する同局の見解を「報告」としてまとめている。同報告は、「一」の趣旨は国語審議会でも当然のこととして受け取られているとし、「二」については、当用漢字表の制限的な性格をゆるめて「基準」とする方向で検討中であることなど、(イ)〜(ト)の各項目に対する回答を簡潔にまとめ、「三」については、「現在国語審議会で検討中であり、その結論をまって善処したい。」とした。

その後の国語政策の方向性は、漢字表の制限的性格の緩和や音訓の追加、伝統の尊重などの点で、自民党の結論とも合致したものとなっていく。しかし、当用漢字表の新字体や、現代かなづかいの書き方、公用文の左横書きなどは動かなかった。時代は過去に戻るのではなく、過去とのつながりにも糧を求めながら新たな体系を作っていくのである。

注

1　読み書き能力調査委員会（務台理作《むたいりさく》委員長）を主体とし、CIE（民間情報教育局）の協力と文部省および教育研修所の援助によって行われた、全国約二万一千人の男女（一五〜六四歳）を対象とした読み書き能力調査。平均点は、百点満点で七八・三点であった。調査の詳細な報告が、『日本人の読み書き能力』（一九五一、東京大学出版部）にまとめられている。

2　うち二名の途中交代があり、延べ二五名。

3　内田嘉一編。引用は、吉田澄夫・井之口有一編『明治以降　国字問題諸案集成』（一九六二、風間書房）によった。

4　言語政策を話し合う会および国語問題協議会の構成員・人数は、西尾実・久松潜一監修『国語国字教育　資料総覧』（一九六九、国語教育研究会）による。

5『小汀利得「ぼくは憎まれっ子」』二〇〇一、日本図書センター、一三九頁（「人間の記録」シリーズ第一三九巻。底本は小汀利得著『ぼくは憎まれっ子』一九七一、日本経済新聞社）

6　戦後の国語改革に否定的な意見を持つ作家の杉森久英は、この期の委員人事について次のように分析している。

新しい委員の顔ぶれには、脱退した五委員の名前はなく（宇野精一は選ばれたが、辞退した）、森戸辰男、相良守峯《さがらもりお》、中川善之助、丹羽文雄、細川隆元、吉田富三、久保田万太郎などの名前が見られ、一方、高橋健

二、中島健蔵、颯田琴次、松坂忠則らの名前が消えて、表音派と表意派のどちらかに傾かないようにと、苦心した跡が見られた。

（「国語改革の歴史（戦後）」〈日本語の世界16『国語改革を批判する』一九八三、中央公論社、一六二頁〉）

7　塩田良平「出戻りの弁」（『国語随筆』一九六五、雪華社）

8　第七期の第一部会（昭和三九年五月二八日）において、村上俊亮《しゅんすけ》委員や藤堂明保《あきやす》委員は、前期の第一部会で同提案が検討審議され、第六期国語審議会の報告にも生かされたとの認識を示し、吉田委員は自分の提案の趣旨が十分了解されていないので再度提案したと述べている。

9　森戸辰男は昭和二二（一九四七）年六月から二三年一〇月にかけ、片山内閣、芦田内閣で文部大臣を務めた。

10　「すべては日本語に在り」（『正論』二〇〇二・九、産経新聞社）。なお、このインタビュー記事の中で、宇野はこの文部大臣諮問を「昭和五十六年」としているが、勘違いであろう。

11　『調査資料「特集」国語の諸問題』（一九六八、自由民主党政務調査会）。以下、引用は同資料による。

第四章　国語表記基準の再構築

一　音訓表・送り仮名の改定

1　第八期から第一〇期までの国語審議会の審議概要

昭和四一（一九六六）年の文部大臣諮問を受けた国語審議会は、まず「当用漢字音訓表」と「送りがなのつけ方」の改定に取り組み、第八期から第一〇期までの三期――昭和四一年六月から四七年六月までの六か年をかけて、答申を取りまとめた。

その間、各期において漢字部会・かな部会が設置され、それぞれが中心となって問題の検討を進めた。漢字部会長は、第八期から第一〇期までを通して国立国語研究所長の岩淵悦太郎が務めた。かな部会長は、久松潜一（東京大学名誉教授、国文学。第八期）、村上俊亮《しゅんすけ》（青山学院大学教授、教育学。第九期途中まで）、佐々木八郎（早稲田大学名誉教授、国文学。第九期途中から第一〇期まで）が、順にその任に当たった。第八期は各一〇名程度、九期以後は各二〇名程度の部会であった。この三期間の会長は前田義徳（日本放送協会会長）が務めた。

第九期の終わり（昭和四五年五月）には、漢字部会試案「当用漢字改定音訓表（案）」と、かな部会試案「改定送りがなのつけ方（案）」がまとめられ、国語審議会はこれらを報道機関を通じて公表するとともに、事務局の文化庁を通じて各公共団体、報道・出版・その他の関係団体等、および、関係学会に属する個人等に対して直接資料を送付し、意見提出を依頼した。第一〇期初期の四五年八月には、副会長と漢字・かな両部会長も出席して、東京と名古屋で試案の説明会を開催した。仕上げの第一〇期中には、各方面から寄せられた意見・批判を参考に試案を吟味・修正するとともに、審議会内部において、部会委員以外を対象とする説明会や、両部会の共通事項に関する協議会も開きつつ、答申案をまとめていった。

以上の経過をたどって両部会が作成した「当用漢字改定音訓表」と「改定送り仮名の付け方」は、共に第八〇回総会（昭和四七年六月二八日）で議決され、高見三郎文部大臣に答申された。

また、この間、第八期には小委員会、第九期、第一〇期には一般問題小委員会が置かれ、国語施策の性格や、国語施策と国語教育の関連等について審議した。第一〇期の一般問題小委員会（西島芳二委員長〈神奈川新聞社副社長・主筆〉以下一二名）が取りまとめた「国語の教育の振興について」は、第八〇回総会で議決され、高見文相に建議された。

2　答申「当用漢字改定音訓表」

(1)「前文」「本表」「付表」の内容

答申「当用漢字改定音訓表」は、「1 前文　2 表の見方　3 本表　4 付表」の四つの部分から成る。

「前文」は、当用漢字表など従来の答申に付された「まえがき」の類に比して、かなり説明的で長い。冒頭の〔漢字仮名交じり文と戦後の国語施策〕は、以下のとおりである。

我が国では、漢字と仮名とを交えて文章を書くのが明治時代以来一般的になっている。この漢字仮名交じり文では、原則として、漢字は実質的意味を表す部分に使い、仮名は語形変化を表す部分や助詞・助動詞の類を書くために使ってきた。この書き方は、語の一つずつを分けて書かなくとも、文章として、語の切れ目が見やすい。それは表意文字である漢字と表音文字である仮名との特色を巧みに生かした表記法だからである。しかし、漢字に頼って多くの語を作り、漢字の字種を広く使用した結果、耳に聞いて分かりにくく、国民の言語生活の向上にとって妨げになるところがあった。

国民の読み書きの負担を軽くし、印刷の便利を大きくする目的をもって、漢字の字種とその音訓とを制限し、仮名遣いを改定するなどの国語施策が、戦後実行された。それは二十余年の実施によって相応の効果をもたらしたものと認められる。しかし一方、字種・音訓の制限が文章を書きにくくし、仮名の増加が文章を読みにくくした傾きもないではない。漢字仮名交じり文は、ある程度を超えて漢字使用を制限すると、その利点を失うものである。

明治以来論争が繰り返されてきた国字問題に関し、実際に改革実施の経験を経た国語審議会がたどり着いた基本的な見方が、ここに簡潔に説かれている。

「前文」は次いで、この音訓表が昭和二三年内閣告示の当用漢字音訓表の持つ制限的な色彩を改め、一般の社会生活における、良い文章表現のための目安として設定されたこと、一般の社会生活とは法令・公用文書・新聞・雑誌・放送などの領域を指し、科学・技術・芸術、その他の各種専門分野や個々人の表記に及ぼそうとするものではないことを述べる。また、「改定音訓表以外の読みのためには別途の工夫が必要と思われる。振り仮名の使用などもその一法と言えよう。」としているが、これは、当用漢字表の「使用上の注意事項」に「ふりがなは、原則として使わない。」とあったのと対照的である。

「本表」には字音（字音を取り上げていないものは字訓）の五十音順に漢字が配列され、その音訓と使用語例、備考の欄が置かれている。部首別の旧音訓表に比べ、格段に検索しやすくなった。

「付表」には、「明日（あす）」「小豆（あずき）」「土産（みやげ）」など、主として一字一字の音訓として挙げ得ない熟字訓などが、一〇六語について掲げられている。

(2) 音訓選定の方針

今回の音訓表における音訓選定の基本的な方針は、「現代の国語で使用されている音訓の実態に基づいて、使用度・使用分野・機能度を考え合わせる。」ということであり、それを検証する資料として国立国語研究所編「現代雑誌九十種の用語用字」などが用いられた。

そのほか、①語根を同じくすると意識される語で、同一の漢字で書く習慣の強いものは取り上げる（例：「分ける・分かれる・分かる・分かつ」〈旧音訓表では「分ける」のみ掲げていた〉）、②新しい慣用の訓も取り上げる（例：「危—あぶない」「触—さわる」）、③当用漢字表の「使用上の注意事項」で「なるべくかな書きにする」としている品詞のうち、感動詞・助動詞・助詞のための訓は取り上げないが、副詞・接続詞としてだけ使用される訓は広く使用されるものを取り上げる、との方針がとられた。また、異字同訓はなるべく避けるが、漢字の使い分けのできるものや漢字で書く習慣の強いものは取り上げられ（例：「油・脂—あぶら」「乾・渇—かわく」）、さらに、二字以上の漢字による熟字や、当て字のうち、慣用の広く久しいものは取り上げられた（「付表」の語）。

全体として、当用漢字一八五〇字の中で、旧音訓表よりも音が九三、訓が七二三増え、更に付表の語一〇六が加わった。この結果、今日当たり前に使っている「財布《さい》、喫茶店《さ》、角《かど》、魚《さかな》、街《まち》、遅《おそ》い、一人《ひとり》、二人《ふたり》、時計《とけい》、部屋《へや》、お父《とう》さん、お母《かあ》さん」などが、晴れて当用漢字音訓表の公認するところとなった。「今日当たり前に」と書いたが、もともと使われていたものが、国の決まりによって一定の場に於ける制限を受け、実施の経験に鑑みて制限を解かれたということである。

(3) 資料「「異字同訓」の漢字の用法」

ここで、音訓表の審議に付随して作成された資料「「異字同訓」の漢字の用法」に触れておく。当用漢字音訓表の改定を審議した第九期国語審議会の漢字部会では、三名の専門調査員（早稲田大学助教授 武部良明、国立国語研究所研究員 野村雅昭、同研究所部長 林四郎）に依嘱して資料を整備し、「異字同訓」の漢字の用法」を作成した。続く第一〇期にかけて、これに漢字部会で検討が加えられ、改訂されたものが、改定音訓表の答申を行った第八〇回総会で参考資料として配布された。

この資料は、同音で意味の近い語が漢字で書かれる場合の、慣用上の使い分けの大体を用例で示したものであり、「あう—合・会・遭」から「わずらう・わずらわす—煩・患」まで五十音順一一五項目にわたっている。例えば、「あがる・あげる」の漢字の使い分けは次のようである。

上がる・上げる—地位が上がる。物価が上がる。腕前を上げる。お祝いの品物を上げる。
揚がる・揚げる—花火が揚がる。歓声が揚がる。たこを揚げる。船荷を揚げる。てんぷらを揚げる。
挙げる—例を挙げる。全力を挙げる。国を挙げて。犯人を挙げる。

この資料は国語審議会の議決を経たものではないが、国語審議会が漢字表の音訓を定めることと並行して検討・作成されたものであり、以後、漢字の使い分けの資料として、各方面で参照されている。

3　答申「改定送り仮名の付け方」

(1)「改定送り仮名の付け方」の方針と構成

「改定送り仮名の付け方」は、「前文」と「本文」とから成る。

前文中の「方針」に、「今回、送り仮名の付け方を改定するに当たっては、国語表記の実態を踏まえた上で、できるだけ系統的で簡明な法則にまとめることとした。」との基本姿勢が示されている。ただし、すぐに続けて、「しかし、送り仮名には、このような法則だけで処理することのできない慣用の事実があり、これを無視するわけにはいかない。そこで、この現実を考慮して、慣用を尊重し、更に表記上の実際に即して弾力性を持たせることとした。」と、送り仮名の本質に関わる現実的対応方法が述べられている。この方針に従い、本文は、1から7までの「通則」を立て、必要に応じてそれぞれに「本則」と「例外」「許容」を設ける形にまとめられた。

本文の構成は次のとおりである。

単独の語
　1　活用のある語…通則1・2
　2　活用のない語…通則3・4・5
複合の語……………通則6・7
付表の語

「単独の語」とは、漢字一字で書き表す語（例：聞く、苦しい）、「複合の語」とは、漢字二字以上を用いて書き表す語（例：聞き苦しい）、「付表の語」とは、当用漢字改定音訓表の付表に掲げられている語のうち、送り仮名の付け方が問題となる語をいう。

(2)　「改定送り仮名の付け方」の通則

定められた通則を概観してみよう。各通則の「本則」は基本的な法則、「例外」は本則に合わない慣用で、本則によらずこれによるもの、「許容」は本則と並び行われている慣用で、これによってもよいものである。以下、なるべく簡略に記述しようと思うが、例外的あるいは個別的な規定が多く、煩瑣の感を免れないのは致し方ない。

通則1の本則は、（通則2を適用する語を除き）「活用のある語は、活用語尾を送る。」という最も基本的な法則で（例：憤る、荒い、主だ）、これに例外が三つある。一つ目は「⑴語幹が「し」で終わる形容詞は、「し」から送る。」（例：著しい）、二つ目は「⑵活用語尾の前に「か」「やか」「らか」を含む形容詞動詞は、その音節から送る。」（例：暖かだ、穏やかだ、明らかだ）、三つ目は、「⑶次の語は、次に示すように送る。」（味わう、明るい、新ただ、など三二語）である。通則1には許容もあり、「表す、著す、現れる、行う、断る、賜る」の六語について、「表わす、著わす、現われる、行なう、断わる、賜わる」のように、「活用語尾の前の音節から送ることができる。」とする。これは、従来の「送りがなのつけ方」で正則であったたのを、今回は「許容」に位置付けたものである。

通則2の本則は、「活用語尾以外の部分に他の語を含む語は、含まれている語の送り仮名の付け方によって送る。」である。これには、動詞を含む「動かす」（動く）、押さえる（押す）など、形容詞・形容動詞を含む「重んずる」（重い）、「確かめる」（確かだ）など、名詞を含む「汗ばむ」（汗）、「後ろめたい」（後ろ）などの三種がある（〔 〕内は含まれている語）。許容として、読み間違えるおそれのない場合は、「浮かぶ（浮ぶ）、押さえる（押える）、変わる（変る）」の（ ）内のように、送り仮名を省くことができる。この許容は従前の「送りがなのつけ方」にはなかったもので、これをはじめ、〝送りすぎ〟批判に応え、今次改定では全体に送り仮名を省く傾向が強くなった。

通則3の本則は、「名詞（通則4を適用する語を除く。）は、送り仮名を付けない。」（例：月、花）で、最後の音節を送る「辺り、哀れ」など一七語と、数をかぞえる「一つ、二つ」などを例外とする。

通則4は、活用語からの転成名詞と活用語に接尾語が付いてできた名詞に関する通則で、「動き、憩い、近く」、「暑さ、明るみ、惜しげ」のように、「もとの語の送り仮名の付け方によって送る。」のが本則である。例外は「謡、趣、氷、係」など二七語で、送り仮名を付けない。許容として、読み間違えるおそれのない場合、「晴れ（晴）、当たり（当り）」の（ ）内のように、送り仮名を省くことができる。

通則5は、「副詞・連体詞・接続詞」に関し、本則としては、「必ず、来《きた》る、但し」のように最後の音節を送るとする。「明くる、大いに、又、併せて〔併せる〕、辛うじて〔辛い〕」などは例外である。

「複合の語」について、通則6は、「その複合の語を書き表す漢字の、それぞれの音訓を用いた単独の語の送り仮名の付け方による。」ことを本則とし（例：書き抜く、薄暗い、売り上げ、先駆け、田植え、墓参り、申し込み）、読み間違えるおそれのない場合、「書抜く、売上げ・売上、田植、申込み・申込」のように、送り仮名を省くことを許容している。

通則7は通則6の「例外」にあたるが、該当語数が多いため独立の通則とされた。複合の語のうち、特定領域の「関取、取締役、《博多》織、《鎌倉》彫、書留、組合、積立《金》（《 》には他の漢字も入る）」など、および一般的に用いられる「物語、屋敷、夕立」などの名詞について、慣用が固定していると認め、「慣用に従って、送り仮名を付けない。」としている。八六の語例を掲げるが、これは例示であって同類の語にも類推適用するのである。

付表の語については、「差し支える（差支える）、最寄り」のように送り仮名を付けるものと、「息吹、行方」のように送り仮名を付けないものとを掲げている。

(3)「改定送り仮名の付け方」に見る漢字仮名交じり文の姿

以上に見たように、送り仮名の法則は、個々の語の読みやすさや誤読回避への配慮、また慣用の実態との絡みなどから、単純一律にはいかない。二六通則を設けた昭和三四年内閣告示の「送りがなのつけ方」に比べ、系統化・簡明化への努力の成果が認められるとはいえ、この「改定送り仮名の付け方」も、例外や許容を多く含む複雑さを解消できてはいない。第六期の報告「国語の改善について」は、以前の「送りがなのつけ方」について、「全体として送りすぎている点、また例外や許容が多い点など」を問題として指摘していたが、後者の問題は今回も残った。「読み間違えるおそれ」の有無や「慣用の固定」について、書き手の判断に委ねられる部分はむしろ膨らんだように見える。本則を「表す」「行う」「断る」として、「表す」(あらわす、ひょうす)、「行った」(おこなった、いった)、「断った」(ことわった、たった)の読み分けを文脈に委ねたことは、表記システムとしての明晰性の後退と評することもできよう。

土岐善麿が第一期国語審議会の会長に選ばれたとき、京都で言語学者の新村出《しんむらいずる》に会ってこう言われたという。――「土岐さん、送りがなを扱ふと大へんだよ。あれはもう歴史的に考へて、実にめんだうなことなんだから、これに手をかけるとなかなかまとまらないよ、命とりになる」(注1)。

表意文字と表音文字とを交ぜて書く漢字仮名交じり文の正書法ないし表記法を決めようとするに

際して、交ぜ方の基準となる送り仮名法は、多くのしがらみを抱えて一筋縄ではいかない。単一原理による整然とした送り仮名が理想だと思えば、その実現は極めて難しいが、むしろ、多様なファクターを組み合わせて読み書きの実際上の合理性をいかに獲得するかが、送り仮名法の現実的な原理であるように思われる。「改定送り仮名の付け方」が、そのような意味での合理性を目指した努力の結果であることは間違いない。そして、「許容」による書き手の自由度の増加は、多様性尊重に向かう時代の流れの一端を映してもいるのである。

当用漢字表、現代仮名づかいより一三年遅れ、昭和三四年に内閣告示された「送りがなのつけ方」は、実施後一三年で改定の答申が行われたのであった。

4　当用漢字音訓表、送り仮名の付け方の内閣告示と教育での実施

政府は国語審議会答申「当用漢字改定音訓表」「改定送り仮名の付け方」を受け、昭和四八（一九七三）年六月一八日、これらを「当用漢字音訓表」「送り仮名の付け方」の名でそれぞれ内閣告示・内閣訓令として実施に移した。内閣告示に際し、両答申の「前文」の内容は、簡潔な箇条書きに整理された。

右の告示・訓令制定に伴い、公用文や法令に関しては、内閣官房、内閣法制局および文化庁から各省（庁）あての通知が行われ、両分野において、新しい表記基準に則する一体的な対応が図られ

た。また、学校教育については、文化庁および文部省初等中等教育局から各都道府県教育委員会等あての通知により、指導の基準が示された。

この通知で、学校教育における送り仮名の指導は、原則として内閣告示の「本則」と「例外」によることとされた。一方、法令・公用文では、「複合の語」において「活用のない語で読み間違えるおそれのない語については」、通則6の「許容」を適用し、例えば「打合せ、飲物、申出」のように送り仮名を省くのである。この例に見られるような一般社会における「許容」の表記に対応するため、学校教育においては、中学校以上で「許容」の表記についても取り扱うこととなった。昭和四八年七月に文部省が主催した各都道府県教育委員会国語担当指導主事説明会の資料では、中学校では「許容」の表記があることを説明する程度、高校では「許容等の意味を理解させることなど」を想定し、「児童生徒が使用した「許容」の表記を一概に誤りとすることなく、個々の状況に応じて適切な指導を行うよう配慮する必要がある。」としている。しかし、教育現場で許容の表記を紹介したり、その意味を理解させたりする指導が積極的に行われているとは思えない。人々は一般に、学校では本則の世界で過ごし、社会生活でのなじみや便宜から、随時「許容」の側へ川を渡っているのだと思われる。

なお、当用漢字音訓表に示された漢字の音訓の学校教育における具体的な取扱い――すなわち、どの音訓をいつ教えるかについては、文部省に設けられた音訓等調査研究協力者会議が検討して結論をまとめ、昭和五一年九月の都道府県教育委員会指導主事主管部課長会議で、資料「音訓の取扱いについて」として配布された。そこでは、例えば、「火」「上」は共に小学校一年で習う漢字だが、「火」の訓「ほ」、「上」の音「ショウ」は共に高校段階の音訓とされた。音訓表の「付表」の語についても、例えば「七夕―たなばた」は小学校、「足袋―たび」は中学校、「稚児―ちご」は高校段階の音訓というように分類された。この資料は教科書発行者にも配布され、現場での実施の体制が整えられたのである。

二　建議「国語の教育の振興について」

1　審議の経過

「国語の教育の振興について」の建議は、音訓表、送り仮名の答申と同じ第八〇回総会〈昭和四七〈一九七二〉年六月二八日〉で行われた。建議案を作成したのは一般問題小委員会である。同小委員会は第九期にも設置され、総会への報告の中で国語教育振興の必要性を訴えていた。第一〇期には更に進んで建議をする方向で審議を進め、全委員へのアンケートや説明会なども実施し、国語審議会としての建議案を練り上げたのであった。

2　建議が掲げた国語の理想像と基本的認識

「国語の教育の振興について」は、前文（標題なし）と「1　基本的事項　2　学校教育に関する事項　3　社会教育、家庭教育などに関する事項　4　研究体制に関する事項」から成る。

前文には、国語審議会が、音訓表や送り仮名の審議を通じて、「国語が平明で、的確で、美しく、豊かであることを望み、この際、国民全体が国語に関する意識を高め、国語を大切にする精神を養うことが極めて重要であると考えた。」と述べられている。この「平明、的確、美しく、豊か」は国語審議会の生んだ国語の理想的イメージとして、その後の審議や答申・報告の中で、たびたび引用されることになる。この理想のもと、国民生活の各分野における国語の教育の振興について、考えや希望を述べたのが本建議である。

「1　基本的事項」には、

(1)　国語は、我々にとって人間活動の中枢をなすものであり、人間の自己形成と充実、社会の成立と向上、文化の創造と進展に欠くことのできないものである。

(2)　国語は、我々が祖先から受け継ぎ、更に子孫に伝えていく歴史的伝統的なものであり、国民の思想・文化の基盤をなすものである。

(3)　国語は、教育の全体を貫く基本をなすものである。

という基本的認識が示され、これに基づいて国語の教育に関する適切な方策が総合的に講ぜられるべきことが説かれている。この基本的認識も、以後の国語審議会の国語に対する認識の基調となり、答申や報告にも顔をのぞかせることになる。

3　学校教育、社会教育等への提言と後年への影響

「2　学校教育に関する事項」では、「国語の教育に関し、特に重要な役割を担うものは学校教育である。」との認識に立ち、①国語科はもとより各教科その他の教育活動全体の中で、適切で効果的な国語の教育が十分行われるよう、教育内容の充実、教育方法の改善などを図る必要があること、②教員養成を行う大学では、教員を志望するすべての者の基礎的教養として国語に関する知識・能力を重視する必要があること、③小・中・高校の国語科では、文字・文章の読み書き能力を一層充実するよう努める必要があること、④幼稚園、小・中・高校では、学校内の言語環境を整え、適正な言語活動が行われるよう配慮する必要があること、などを指摘している。

これらは、「言語の教育としての立場を一層明確に」することを標榜した国語科など、昭和五二年・五三年告示の学習指導要領にも生かされるが、特に④は、小・中・高等学校学習指導要領の「総

則」に取り入れられ、「学校生活全体における言語環境を整え、児童／生徒の言語活動が適正に行われるように努めること。」と規定された。ただし、中学校に限っては、一つ前の昭和四四年版学習指導要領の「総則」にもこの項目があった。したがって、昭和四〇年代から五〇年代にかけ、文部省や国語審議会で学校の言語環境を重視する機運が高まり、この建議もその唱導に一役買ったものと捉えておくのがよいであろう。平成元年の学習指導要領では、この項目は、「学校生活全体を通して、言語に対する意識や関心を高め、言語環境を整え、児童の言語活動が適正に行われるよう努めること。」（小学校。中高もほぼ同文）と、より充実した記述となった（平成一〇・一一年版も類似）。このように、「国語の教育の振興について」は学校の国語科及び学校全体の言葉の教育の基盤となる考え方に影響を与えたのである。

建議から六年後の第一三期、第一〇六回国語審議会総会（昭和五三年四月七日）で、文化庁の室屋晃国語課長が、学校教育、社会教育、大学等の研究体制などについて、建議が実際にどう具体化されたかを説明している。そこでは、学習指導要領に関することのほか、乳幼児学級や家庭教育学級等で言葉に関する事項が盛んに取り上げられていること、科学研究費の分野で「言語生活を充実発展させるための教育に関する基礎的研究」が昭和五二年度から特定研究の対象になり、三年間重点領域として扱われることなども挙げられている。

また、室屋課長も言及しているが、この建議に基づく文化庁自身の事業に、言葉に関し一般向けに分かりやすく解説する冊子の「「ことば」シリーズ」（昭和四八年度～）の作成・発行があり、少し遅れて、ビデオテープシリーズ「美しく豊かな言葉をめざして」（同五五年度〜）も作成されることになる。特に前者は政府刊行物中のベストセラーとなった。

以上のように、「国語の教育の振興について」は、表記基準の再整備が進められたこの時期としては単独的な性格の建議であったが、平成一六（二〇〇四）年に文化審議会から「これからの時代に求められる国語力について」が答申されるまで、国語政策の審議会が国語教育について示した唯一の根本的・包括的な見解として、その格調の高さとともに記憶され、尊重されていったのである。

三　当用漢字表から常用漢字表へ

1　常用漢字表案に至る審議——第一一期〜第一三期国語審議会

(1)　第一一期国語審議会の活動

第一一期国語審議会は昭和四七（一九七二）年一一月に発足し、審議を開始した。この期から第一四期までの四期間（昭和五六年三月まで）、国語審議会は当用漢字表（別表を含む）および当用漢字字体表に検討を加え、それらに代わる新たな漢字表を作成する仕事を行った。この間、会長は共同通信社社長（途中から会長）の福島慎太郎が務めた。

第一一期の国語審議会は、従来のような部会を設けず、まずは総会中心に協議することとした。審議の内容的な問題点を整理する問題点整理委員会（遠藤慎吾主査〈共立女子大学教授、演劇学〉以下一二名）を設置し、隔月の総会とその間に開かれる委員会との往復で、「漢字表の具体的検討のための基本的方針」をまとめた。そして、同期半ばの第八七回総会（昭和四八年一〇月二六日）で同方針について議論したところで、具体的検討作業のための漢字表委員会を設置することとした。

「漢字表の具体的検討のための基本的方針」は五項目から成り、①現行の当用漢字表のような制限的なものとはしない、②法令・公用文書・新聞・雑誌・放送など一般の社会生活において使用する場合を考慮して選定し、各種専門分野や個々人の表記にまで及ぼさない、といった、後に実施される常用漢字表の基本的性格に関するおおよその合意を含んでいる。

発足した漢字表委員会（二〇名）は、改定音訓表の審議で部会長を務めた岩淵悦太郎（国立国語研究所長）を主査に選出、国語における漢字の意義や役割を認識しながらできるだけ多くの資料に当たって検討することとし、資料作成等の作業のため九名の小委員会を設けた。小委員会は、現代の新聞・雑誌における漢字使用度数の調査や、明治以降の各種漢字表における漢字採用状況の資料などに基づいて検討資料を作成し(注2)、約四二〇〇字の漢字一字一字の問題点を種々の角度から探り、漢字表作成に当たっての考え方や漢字選定に関する具体的観点などをまとめた。

字体表については、問題点整理委員会が国語審議会各委員の意見を集約・整理して問題点をまとめ、総会で検討し、また当用漢字字体表（昭和二四年）制定の経緯について、当時の担当官だった林大《おおき》国立国語研究所日本語教育部長から総会で説明を受けた。

以上の審議経過は「第一一期国語審議会審議経過報告」として、第九二回総会（昭和四九年一一月八日）で奥野誠亮《せいすけ》文部大臣に報告された。

(2)　第一二期国語審議会と新漢字表試案

第一二期国語審議会（昭和五〇年一月〜昭和五二年一月）の問題点整理委員会は、前期に引き続き、字体検討上の問題点を整理する作業を行った。また、漢字表委員会は、小委員会のほかに字体小委員会を設け、漢字表の目的・性格、漢字の選定方針、一字一字の採否、字体表の性格や内容、そして漢字表の前文に至る全般的な検討を行った。委員会の仕事の成果は総会の資料として検討され、国語審議会としての「新漢字表試案」にまとめられていった。同試案は、この期の最終である第一〇一回総会（昭和五二年一月二一日）で海部《かいふ》俊樹文部大臣に報告され、文化庁は、各官庁、各都道府県、各関係団体、教育関係、国語関係学会、その他に、文書による意見提出を依頼し、全国五か所（仙台、東京、大阪、広島、福岡）で説明協議会を開催した。

福島慎太郎(1907〜1987)

岩淵悦太郎(1905〜1978)

新漢字表試案は、字種・字体・音訓を示し、当用漢字表より八三字増やし、三三字を削った一九〇〇字を掲げる。増えた字には猿・杉・靴・磨・竜など、減った字には謁・虞・朕などが含まれる。

同試案の「前文」は、各種印刷物の用字調査（全出現漢字四〇〇〇字前後のうち、使用度数上位一八〇〇字までで、延べ漢字使用数の九八〜九九％を占める）から見て、当用漢字表の字数一八五〇には意味があるとしつつ、当用漢字表の中には現在ほとんど使われない文字もあり、一方、世間でしばしば使われているもので表に入っていない文字がある、また、当用漢字表における、表外字を含む語を別語に言い換えるか仮名書きにするという制限的な方針は、一般の国語の表現に支障が少なくなかったと指摘する。そして、当用漢字表の「功罪を見きわめた結果、新たに、一般社会で相互の伝達を円滑にするための一層効率的な漢字表を作成することが必要であると考えた。」と、新漢字表の必要性を説明している。字種選定の方針については、「その字の使用度数・機能度を主として考え、さらに、使用分野の広さを参考にした。」とする。字体は当用漢字表の考え方を受け継ぎ、その示し方については種々の意見があり決定しなかったため、便宜上明朝体活字で示してある。また、明治以来行われてきた活字体とのつながりを示すために、適宜いわゆる康熙《こうき》字典体が添えられた（例：「亜（亞）」「医（醫）」「塩（鹽）」）。

なお、総会の説明資料では、「新漢字表は目安であるから、表に掲げてない字でも、字体を考える必要がある。「へん」「にょう」等は、新漢字表の字体に準じて統一することができよう。（中略）今後、十分時間をかけて具体的に検討する必要がある。」などと、表外字の字体に言及している。

(3) 第一三期国語審議会と常用漢字表案

第一三期国語審議会（昭和五二年四月〜昭和五四年三月）は、各方面から寄せられた新漢字表試案に対する意見を参考に審議を行った。昭和五三年五月に漢字表委員会の岩淵主査が死去したため、三根谷《みねや》徹《とおる》副主査（東京大学教授、言語学）が主査を引き継いだ。第一〇八回総会（昭和五三年九月八日）では、学校で教える字種・字数は教育課程審議会（文部省初等中等教育局）の問題と考え、当用漢字別表を廃止する方向が了承された。その後、答申に向けて四回の全員協議会が開かれ、内容の詰めが行われた。第一回（一〇月二七日）には字種採否の考え方と一九二六字の字種案が示され、考え方が大筋で了承された。第二回（一一月二四日）には、「前文、表の見方案」、「字体に関する解説資料案」等について意見交換を行い、第三回（昭和五四年一月二六日）には新漢字表の名称を「常用漢字表」と決定、第四回（三月二日）には前文等を了承し、字種については一九二六字の原案を変えないという漢字表委員会主査の報告が了承された。

ところが、あとは四日後の総会で答申するばかりとなった三月二六日、福島会長は運営委員会を招集し、「これは誠に重大な問題であり世間の関心も深いので、このまま答申し告示・訓令にもっていくよりも、この際もう一度慎重を期して常用漢字表案を公表し、これが広く国民に受け入れられ、長期間にわたって使用されるものとなることを期待したい。」との意思を表明した。これに対し、「慎重を期するのはよいが、かえって混乱を起こしはしないか。」との懸念も出されたが、念には念を入れる案が結局は了承された。

三月三〇日、午後三時からの第一〇九回総会に先立って、一時から第五回の全員協議会が開かれた。そこで、右の会長の提案が説明され、当然ながら、出席委員から疑念や意見が多く述べられたが、議論の末、結局は大多数の賛成により了承された。続いて開かれた総会で、「常用漢字表案」が、中間答申として内藤誉三郎文部大臣に報告された。

常用漢字表案は新漢字表試案に一二字を加えて、当用漢字表にない九五字を含み、当用漢字表から削る字を前期試案より一四字減の一九字として、差し引き当用漢字表プラス七六字、計一九二六字の漢字表となった。

この時に、例えば「繭」や「逓」などが復活している。意見収集の際、蚕糸業に関連の深い「繭」については、農林省や群馬県、長野県、農業・蚕糸業団体等から強い復活希望が寄せられた。人々にとって一字の漢字が抜き差しならない存在意味を持っている例である。長野県南佐久郡佐久町議会の意見書は、次のようなものである。

新漢字表試案中の「繭」の字に関する意見書

文部省は、国語審議会で漢字表の問題を検討し、同審議会では昭和五二年一月に新漢字表の試案をまとめ、中間答申をしているが、その中で「繭」という字を削除しております。

これは、蚕糸業関係者及び養蚕農家は大変なショックであります。特に長野県は養蚕と製糸で産業をおこしてきておりますので、「繭」という字にはなじみ深いものがあります。当町においても、今日も養蚕に意欲をもやしている養蚕農家もかず多く、これ等の人々の要望をご推察の上「繭」の字を新漢字表に加えて頂くよう要望します。

「逓」は郵政省から復活希望が出されたものである。郵政省は、ほかに「元旦」の「旦」を、また労働省は「斡旋」の「斡」を新たに追加することを希望したが、それらはかなわなかった。

2 常用漢字表の答申と実施

(1) 常用漢字表の答申と内閣告示

中間答申「常用漢字表案」を受け、文化庁は昭和五四年五月、「新漢字表試案」の時と同様、各官庁、各都道府県、各関係団体、教育関係、国語関係学会等に、文書による意見の提出を依頼するとともに、六、七月にかけ、全国五か所（仙台、東京、岐阜、岡山、福岡）で説明協議会を開催した。昭和五四年六月に発足した第一四期国語審議会は、この意見収集・整理の時期を挟み、翌五五年三月二七日に、同期第二回である第一一一回総会を持った。そこで各界から寄せられた意見の概要を把握するとともに、今期も問題点整理委員会、漢字表委員会を設置して問題の検討を進めることとなった。

会長の福島慎太郎は、前期に答申を見送った理由について、会長自身が「「目安」の問題をもっと明確にしたいと考えるようになった」ためだと説明している。(注3) 当用漢字表の持つ「漢字使用の「範囲」」という制限的な性格を改めるにあたり、「範囲」に代わる「基準」「標準」「目安」といった語が、各々に想定される性格と共に論議され、結局「目安」に落ち着いたが、その意味合いについては種々意見のあるところであった。

この問題については、第一一二回総会（昭和五五年七月三一日）で、問題点整理委員会作成の案を基に詳しく検討された。その後、漢字表委員会等での検討を経て、常用漢字表の答申前文に、「目安」の趣旨の補足として次の二点の注記が付加されることとなった。

① 法令・公用文書・新聞・雑誌・放送等、一般の社会生活において、この表を無視してほしいままに漢字を使用してもよいというのではなく、この表を努力目標として尊重することが期待されるものであること。

② 法令・公用文書・新聞・雑誌・放送等、一般の社会生活において、この表を基に、実情に応じて独自の漢字使用の取決めをそれぞれ作成するなど、分野によってこの表の扱い方に差を生ずることを妨げないものであること。

福島会長は、この注記を書き込んだことに「満足している」との言葉を残している。(注4)

昭和五五年一二月一二日の第一回全員協議会では、漢字表委員会が、当用漢字表にあって常用漢字表案にない漢字一九字(注5)を一括して常用漢字表に入れることを提案し、これを全会一致で可決、常用漢字表の字数は一九四五字となった。提案の理由は、「過去三〇余年慣れ親しまれ相応の役割を果たしてきた当用漢字表の中にある漢字を削除することによって、諸方面に変化、混乱を与えることは避けるのが適切だ」との判断であった。

第二回全員協議会（昭和五六年二月一八日）における前文、音訓、字体等の検討を経て、第一一三回総会（同三月二三日）で、四期八年の審議の成果である常用漢字表は全会一致で決定され、田中龍夫文部大臣に答申された。

政府は国語審議会の答申の趣旨を尊重し、昭和五六年一〇月一日付けで、常用漢字表を内閣告示・内閣訓令によって実施に移した。また、同日付けで、常用漢字表のもとでの公用文や法令における漢字使用を定めた通知が、内閣官房、内閣法制局、文化庁から各省（庁）あてに発せられ、各行政機関における表記の統一が図られた。

文部省は同日、小・中・高校の学習指導要領を一部改正する文部省告示を発し、学習する漢字を「当用漢字」から「常用漢字」とするなどの措置をとった（昭和五七年度から適用）。

なお、従来国語審議会が関与してきた人名用漢字は、以後法務省に委ねることとなった。

(2)　常用漢字表の内容

内閣告示「常用漢字表」は、「前書き」「表の見方及び使い方」「（付）字体についての解説」「本表」「付表」から成る。

前書きは、この表が「法令、公用文書、新聞、雑誌、放送など、一般の社会生活において、現代の国語を書き表す場合の漢字使用の目安を示すもの」であること、各種専門分野や個々人の表記には及ばさず、固有名詞は対象としないことなど、常用漢字表の性格、適用範囲等を箇条書きで述べている。

本表は字種一九四五字を字音（字音を取り上げていないものは字訓）による五十音順に掲げ、字体、音訓を併せ示し、語例を掲げ、備考を付したものである（図11）。

字体は当用漢字字体表を踏襲（「燈」のみ「灯」に変更）、明朝体活字を用いて現代の通用字体を示し、明治以来行われてきた活字字体とのつながりを示すため、両者の差異の大きい三五五字について、いわゆる康熙字典体を括弧に入れて添えてある。「（付）字体についての解説」では、明朝体活字のデザイン差、明朝体活字と筆写の楷書との関係について、表記例を豊富に示して詳しく解説している。

本表の音訓数は四〇八七（音が二一八七、訓が一九〇〇）。追加九五字の音訓数は一四三（音が八六、訓が五七）、当用漢字表に入っていた字にも「露―ロウ」「危―あやぶむ」など八つの音訓が追加され、「膚―はだ」（cf.肌―はだ）「盲―めくら」の二つは削られた。付表は当用漢字音訓表（昭和四八年）にあった一〇六語に「おじ（叔父・伯父）、おば（叔母・伯母）、さじき（桟敷）、でこぼこ（凸凹）」を加えて一一〇語となった（表3）。

漢　字	音　訓	例	備　考
亜（亞）	ア	亜流，亜麻，亜熱帯	
哀	アイ	哀愁，哀願，悲哀	
	あわれ	哀れ，哀れな話，哀れがる	
	あわれむ	哀れむ，哀れみ	
愛	アイ	愛情，愛読，恋愛	
悪（惡）	アク	悪事，悪意，醜悪	
	オ	悪寒，好悪，憎悪	
	わるい	悪い，悪さ，悪者	
衣	イ	衣服，衣食住，作業衣	浴衣（ゆかた）
	ころも	衣，羽衣	
位	イ	位置，第一位，各位	「三位一体」，「従三位」は，「サンミイッタイ」，「ジュサンミ」。
	くらい	位，位取り，位する	
囲（圍）	イ	囲碁，包囲，範囲	
	かこむ	囲む，囲み	
	かこう	囲う，囲い	

図 11　常用漢字表の「本表」

	漢字数	音の数	訓の数	音訓計	付表の語
当用漢字音訓表（昭和 23）	1,850	2,006	1,116	3,122	——
当用漢字音訓表（昭和 48）	1,850	2,099	1,839	3,938	106
常用漢字表　　（昭和 56）	1,945	2,187	1,900	4,087	110

表３　当用漢字音訓表、常用漢字表の音訓数

3　漢字仮名交じり文の新たな時代へ

常用漢字表の告示と同時に、当用漢字表、同別表・音訓表・字体表が廃止され、当用漢字表の時代は終わった。答申「常用漢字表」の前文には、「言うまでもなく、我が国の表記法として広く行われている漢字仮名まじり文は、我が国の社会や文化にとって有効適切なものであり、今後ともその機能の充実を図っていく必要がある。」という一文がある。漢字仮名交じり文を前提に国語施策改善の方途を検討してほしいという、昭和四一年の中村梅吉文相の挨拶に呼応するものである。

常用漢字表制定により、音訓表だけでなく漢字表全体が「目安」となった。文相挨拶から一五年、国語表記は新たな時代を迎えたのである。

四　「現代かなづかい」から「現代仮名遣い」へ

1　昭和五〇年代の国語審議会の雰囲気と、現代表記の定着状況

国語審議会が漢字表の改定を審議していた第一二期（昭和五〇年）から委員となり、以後二一年間にわたり委員を務めた脚本家の寺島《てらじま》アキ子は、入った当時の国語審議会の雰囲気を次のように回想する。

――昭和四九（一九七四）年秋に審議会委員就任依頼の電話を受けたとき、「それ迄、国語審議会というのは、戦後の国語改革派に対して、旧漢字、旧仮名論者が巻き返しの議論をしている会だという印象があって、そんな争いに巻き込まれたくないという気持ちが強く、一度はおことわりした」。

しかし、引き受けて「実際に出席してみると、旧漢字、旧仮名論者もおられたが、それほどの議論

にもならず、お互いに意見を述べあうだけだった」。常用漢字表の性格が、一般の社会生活における「目安」となったことで、「議論があっても、お互いの意見に耳を傾け、考え、意見を言い合う雰囲気を作ったように思う」。常用漢字表の前文の検討においても「前向きでなごやかな議論が繰り返された。」ということである。(注6)

また寺島は、戦後の新表記の定着状況について、次のようなエピソードを紹介している。

各界から寄せられた意見のなかには、「常用漢字表」の字数をもっと増やすべきとか、旧漢字、旧仮名に戻すべきというような意見もあったが、おかしなことに、旧漢字、旧仮名に戻せと主張しながら、旧漢字、旧仮名を完璧に使いこなした意見書はなかった。それだけ戦後の国語施策が国民に浸透しているということかもしれないと、わたしは思った。

国語審議会委員で、旧漢字、旧仮名論者であったかたが、旧漢字、旧仮名で書かれた文章を新聞に投稿されたが、これは完璧だった。ただし、その投稿を四十代のテレビプロデューサーに見せたら、半分も読まないうちに「とても付合いきれないや」と投げ出してしまった。

2　第一五期、第一六期国語審議会の概要

昭和五六（一九八一）年に常用漢字表の答申を終えた国語審議会は、続く第一五期から第一六期（昭和五七～六一年）にかけ、仮名遣いの改定に取り組んだ。この間の会長は、日本芸術院長、東京家政学院大学長の有光次郎が務めた。

昭和五七年三月に発足した第一五期国語審議会は、第二回総会(注7)（昭和五七年七月一六日）で仮名遣い委員会（一五名）を設置した。同委員会は主査、副主査に林大（前国立国語研究所長）、松村明（東京大学名誉教授）の二人の国語学者を選び、現代かなづかいの定着度、規範性などの基本的な問題や、現代かなづかいの表記上の問題点を整理・検討し、その結果は総会に報告され、議論された。翌五八年一〇月には仮名遣い委員会内に七名の小委員会を設置し、より具体的な検討作業に入った。

第一六期国語審議会は昭和五九年四月に発足し、前期の審議を引き継ぎ、仮名遣い委員会（林主査、松村副主査）および小委員会を設置して、具体的問題のほか、前文、本文、付表等の案についても検討を進め、全員協議会での検討を経て「改定現代仮名遣い（案）」をまとめた。第三回総会（昭和六〇年二月二〇日）では、この案を仮名遣い委員会試案として公表することを決定し、文化庁は、二月から三月にかけて全国五か所で同試案の説明協議会（福島、東京、大阪、香川、福岡。参加者は合計二五〇〇人）を実施するとともに、各方面に試案を送付して意見を求めた。

実質的には昭和二一年の現代かなづかいの表記法をほぼ踏襲し、性格を「準則」から「よりどころ」として拘束性をゆるめたこの試案に対し、官庁や新聞・出版関係など五二機関から意見が寄せられ、大筋については賛成するものが多かった。当時の中央各紙の社説も一様に肯定的な反応を示している。

国語審議会では、寄せられた部分的な修正意見なども考慮して更に審議を進め、昭和六一（一九八六）年三月六日の第六回総会で「改定現代仮名遣い」を議決し、海部俊樹文部大臣に答申した。

3 「改定現代仮名遣い」の内容

改定現代仮名遣いは、常用漢字表と同様「一般の社会生活において、現代の国語を書き表すためのもの」と限定を付けた、仮名遣いのよりどころを示すものである。「よりどころ」とは、制限的、強制的でなく、ゆとりのある弾力的な規範を意味する。

その表記法は、「語を現代語の音韻に従って書き表す」ことを原則とし、一方、「表記の慣習を尊重して、一定の特例を設ける」という二本立てによっており、「本文」の「第1」に、原則に基づくきまり、「第2」に表記の慣習による特例を置いている。三三の細則（下位項目を併せると一二〇余項目）からできていた昭和二一年の現代かなづかいの内容を踏襲しつつ、このように簡明な形をとり、面目を一新したのである。

「第1」は、「あいうえお」に始まる直音の仮名一覧とそれらを用いた語例（あさひ（朝日）、きく（菊）など）、「きゃ きゅ きょ」に始まる拗音の仮名一覧と語例（しゃかい（社会）、しゅくじ（祝辞）など）、そして撥音の仮名「ん」、促音の仮名「っ」とその語例を掲げ、最後に長音の仮名と語例を示している。長音のうち、議論になることの多い「オ列の長音」（オ列の仮名に「う」を添える）は、「おとうさん、とうだい（灯台）、かおう（買）、おうぎ（扇）」など、例を多めに挙げて丁寧に扱っている。

「第2」は、まず助詞の「を」「は」「へ」と動詞の「いう（言）」について、書き方と語例とを示し、続いて、最も議論の多い、「ぢ」「づ」を用いて書く語について詳しく規定している。「ぢ」「づ」には、(1)同音の連呼によって生じた「ぢ」「づ」、(2)二語の連合によって生じた「ぢ」「づ」、の二種があり、(1)は「ちぢみ（縮）、つづく（続）」など九語例、(2)は、「はなぢ（鼻血）、いれぢえ（入知恵）、みかづき（三日月）、かたづく」など三九の語例を掲げる。これは現代かなづかい（昭和二一年）で、ただし書きとして取り上げていたのを格段に詳しく充実させたものである。この間、昭和三一年の「正書法について」における「ぢ・じ、づ・ず」の探求があったこと、既に述べたとおりである。なお、「せかいじゅう（世界中）」や「いなずま（稲妻）」などは、「現代語の意識では一般に二語に分解しにくいもの等として、それぞれ「じ」「ず」を用いて書くことを本則とし、「せかいぢゅう」「いなづま」のように「ぢ」「づ」を用いて書くこともできるものとする。」と、許容を含むきまりとした。この許容は今回新たに立てられたものである。語例は「きずな（絆）、さかずき（杯）、つまずく、ゆうずう〔融通〕」など二二語を掲げている。〔注意〕として、「じめん〔地面〕、ずが〔図画〕」などは、もともと濁っているのであり、(1)・(2)のいずれにも該当しない（したがって「じ」「ず」と書く）ことも示されている。

「第2」はこのほか、「おおかみ、ほのお〔炎〕、とお〔十〕」などオ列の仮名に「お」を添えて書くものを示し、「付記」として、エ列の長音として発音されるか、エイ、ケイなどのように発音されるかにかかわらず、エ列の仮名に「い」を添えて書く「えいが〔映画〕」「とけい〔時計〕」などを掲げている。

本文の後には「付表」として、現代仮名遣いと歴史的仮名遣いとの対照表を掲げている。これは、歴史的仮名遣いが、我が国の歴史や文化に深いかかわりを持つものとして尊重されるべきであり、現代仮名遣いを理解する上でも有用だとの考えに基づいて置かれたものである。

昭和二一年の「現代かなづかい」は、多くの細則が歴史的仮名遣いとの対比の形をとっていた。助詞の「は」「へ」については、「は」「へ」と書くことを「本則」として、「わ」「え」と表音的に書く余地も残す不徹底があった。また、「クヮ・カ」「グヮ・ガ」や「ヂ・ジ」「ヅ・ズ」を言い分けている地方では、これを書き分けて差し支えないとする、方言の音韻の表記が混じり込んでいた。今次の「改定現代仮名遣い」は、現代共通語の音韻体系に立脚し、特例を明示する、一層整備された仮名遣いのよりどころとして再生したものと言える。

４「現代仮名遣い」の内閣告示と学校教育における取扱い

答申「改定現代仮名遣い」を受け、政府はこれを「現代仮名遣い」の名で、昭和六一年七月一日、内閣告示・内閣訓令として実施に移した。

法令・公用文においては、この告示・訓令により表記上の変更を要する語はなかった。

学校教育については、内閣告示と同日、文部省初等中等教育局長から各都道府県教育長、知事等あてに、「学校教育における「現代仮名遣い」の取扱いについて（通知）」を発し、現代仮名遣いの指導は昭和六二年度からこの告示によるものとする旨、通知した。その中で、二語の連合によって生じた「ぢ」「づ」の項目の〝なお書き〟に関し、原則として本則（例えば「せかいじゅう」）により指導するものとし、許容（「せかいぢゅう」）については、中・高等学校で指導するものとした。

五　『外来語の表記』の制定

――戦後国語改革見直しの完了

1　外来語の表記の審議と答申

「改定現代仮名遣い」答申後の、第一七期および一八期（昭和六一年～平成三年）の国語審議会は、外来語表記の基準作成に取り組んだ。この間、会長を務めたのは、日本放送協会名誉顧問（前会長）、国家公安委員の坂本朝一《ともかず》である。外来語の表記については、従来、昭和二九年の国語審議会部会報告が広く参照されてきたが、国の正式な基準は存在しなかった。仮名遣い改定の審議の中で、外来語の表記基準の必要性も指摘され、外来語の表記が仮名遣いに含まれるのかどうかについても議論があったが、「現代仮名遣い」は外来語・外来音の表記を対象外とし、この問題は残されていた。

第一七期国語審議会第一回総会（昭和六二年一月一四日）の冒頭、塩川正十郎《まさじゅうろう》文部大臣は、昭和

四一年の諮問における「検討すべき問題点」の「4　その他上記に関連する事項」（現代かなづかいに関連）として、外来語の表記について審議を依頼した。

以後、二期四年をかけ、外来語表記委員会（一八名）およびその中の小委員会を中心に検討が進められた。外来語表記委員会の主査・副主査は、現代仮名遣いの時と同じ、林大・松村明の両名であった。同委員会は、検討事項の柱立て、小委員会による外来語表記上の問題点整理、審議会委員全員を対象とするアンケートなどを行い、検討の進捗状況を総会に報告し、全体での論議の結果を受けながら、表記基準の案を練り上げていった。平成二年三月には同委員会試案「外来語の表記（案）」がまとめられ、これを関係機関・団体に送付し、全国五か所（仙台、東京、大阪、広島、福岡）で説明協議会を開催して意見収集した。その結果は、試案がおおむね世間に受け入れられたと見てよいものだったが、その反響も受けて更に慎重な審議が重ねられた。

平成三年二月七日、国語審議会は第一八期最終の第七回総会において答申案『外来語の表記』(注8)を全会一致で可決、同日付けで井上裕《ゆたか》文部大臣あてに答申した。

2　答申『外来語の表記』の内容

『外来語の表記』は、一般の社会生活において、現代の国語を書き表すための「外来語の表記」のよりどころを示すものであり、構成は左のようである。

前文（内閣告示では「前書き」）
本文
・「外来語の表記」に用いる仮名と符号の表…………第1表、第2表
・留意事項……その1（原則的な事項）
　　　　　　その2（細則的な事項）
付録　用例集

本文の「仮名と符号の表」は、図12のように第1表、第2表から成る構成で、第1表には外来語や外国の地名・人名を書き表すのに一般的に用いる仮名を、第2表には原音や原つづりになるべく近く書き表そうとする場合に用いる仮名を掲げている。第1表左欄は、現代仮名遣いと共通の一〇三音節である。右上欄の仮名のうち、シェ、ジェなど多くは、昭和二九年の部会報告では、なるべく「セ」「ゼ」と書く（例：セパード）などとされ、原音の意識がなお残っているものは「シェ」「ジェ」と書いてもよい（例：シェード）というように、例外的に使用が認められていたものである。今回、第1表に入ったのは、この三十数年間で、これらの外来音が日本人の間に定着したと認められたものと言える。

「留意事項その1」に示された表記の考え方は、①語形のゆれの容認（例えば「ハンカチ」と「ハン

「外来語の表記」に用いる仮名と符号の表

第1表

ア	イ	ウ	エ	オ					
カ	キ	ク	ケ	コ					
サ	シ	ス	セ	ソ				シェ	
タ	チ	ツ	テ	ト				チェ	
ナ	ニ	ヌ	ネ	ノ	ツァ			ツェ	ツォ
ハ	ヒ	フ	ヘ	ホ		ティ			
マ	ミ	ム	メ	モ	ファ	フィ		フェ	フォ
ヤ		ユ		ヨ				ジェ	
ラ	リ	ル	レ	ロ		ディ			
ワ							デュ		
ガ	ギ	グ	ゲ	ゴ					
ザ	ジ	ズ	ゼ	ゾ					
ダ			デ	ド					
バ	ビ	ブ	ベ	ボ					
パ	ピ	プ	ペ	ポ					
キャ		キュ		キョ					
シャ		シュ		ショ					
チャ		チュ		チョ					
ニャ		ニュ		ニョ					
ヒャ		ヒュ		ヒョ					
ミャ		ミュ		ミョ					
リャ		リュ		リョ					
ギャ		ギュ		ギョ					
ジャ		ジュ		ジョ					
ビャ		ビュ		ビョ					
ピャ		ピュ		ピョ					
ン（撥《はつ》音）									
ッ（促音）									
ー（長音符号）									

第2表

			イェ	
	ウィ		ウェ	ウォ
クァ	クィ		クェ	クォ
	ツィ			
		トゥ		
グァ				
		ドゥ		
ヴァ	ヴィ	ヴ	ヴェ	ヴォ
		テュ		
		フュ		
		ヴュ		

図12「外来語の表記」に用いる仮名と符号の表

ケチ」を、どちらかに定めようとはしない）、②慣用の尊重（分野により異なる慣用が定まっている場合、各々の慣用によってよい）、③第1表・第2表により使い分ける（国語化の程度や、外国語の発音に近く書き表す必要の有無による）、の三点にまとめられる。一言で言えば、一語に複数の表記形を認め得る緩やかなよりどころである。

「留意事項その2」は、「仮名と符号の表」の右欄および撥音・促音の仮名と、長音符号等のそれぞれについて、使い方と用例および注を掲げている。例えば、「「シェ」「ジェ」は、外来音シェ、ジェに対応する仮名である。」として「シェーカー」「ジェットエンジン」などの用例を掲げ、続けて、「「セ」「ゼ」と書く慣用のある場合は、それによる。〔例〕ミルクセーキ　ゼラチン」という注を付すといった形である（ここで、「シェ」「ジェ」と「セ」「ゼ」の位置付けは、昭和二九年の部会報告と逆転している）。

第2表に示す仮名については、例えば、外来音「ウィ　グァ　ツィ　ヴァ　テュ　ヴュ」に対応して「ウィスキー　パラグァイ（地）　ティツィアーノ（人）　ヴァイオリン　テューバ　レヴュー」などを例示し、一般的には第1表の仮名を用いて「ウイスキー　パラグアイ　ティチアーノ　バイオリン　チューバ　レビュー」などと書くことができることを併記している。なお、昭和二九年の部会報告で決定を留保していた、複合した語であることを示すつなぎの符号（「・」「‐」「＝」など）については、「それぞれの分野の慣用に従うものとし、ここでは取決めを行わない。」とした。

「付録　用例集」は、「アーケード　アイスクリーム」から「ワックス　ワット（人）」まで、一般の外来語三二〇、地名一〇〇、人名八〇、計五〇〇語を五十音順に掲げている。最後に「付」として、明治以来の文芸作品等に現れた「スキフトの「ガリヴー旅行記」ヱルテル」などを紹介風に掲げている。

3 『外来語の表記』の実施

政府はこの答申を採択し、平成三（一九九一）年六月二八日、内閣告示・内閣訓令として実施に移した。文部省は同日、初等中等教育局長から各都道府県教育長、知事等あてに「学校教育における外来語の取扱いについて（通知）」を発し、高校段階までに「外来語の表記に用いる仮名と符号の表」に示された仮名の読み書きと、日常使われる外来語の読み書きができるよう指導することとして、小中高の各段階における指導の指針と範囲とを示した（平成四年度から実施）。なお、この通知は文部省に設けられた「学校教育における外来語及び音訓の取扱いに関する調査研究協力者会議」（斎賀秀夫主査）の取りまとめに基づいたものである。外来語に関する右の通知に先立ち、同年三月一一日には、やはり同会議の取りまとめに基づいて、「学校教育における音訓の取扱いについて（通知）」により、常用漢字表に示された漢字の音訓および付表の語について、小中高等学校段階別割り振り表を、初中局長名で各都道府県教育長、知事等に通知している（平成三年度から実施）。

『外来語の表記』の制定、実施により、昭和四一（一九六六）年以来四半世紀にわたり、政府、国語審議会が取り組んできた戦後国語改革の見直し、改定が完了したのである。

注
1 座談会「国語政策と国語問題」(『声』第六号　一九六〇・一、丸善)
2 小委員会が検討にあたって使用した資料は以下のものである(「第一一期国語審議会審議経過報告」による)。
ア 現代の新聞・雑誌における漢字の使用度数に関し国立国語研究所が行った四種の語彙調査
① 婦人雑誌調査(昭和二五年)
② 総合雑誌調査(昭和二八年、二九年)
③ 雑誌九〇種調査(昭和三一年)
④ 新聞調査(中間報告)(昭和四一年)
以上の資料を総合的に検討した「語彙調査四種の使用度による漢字のグループ分け」(林四郎　昭和四六年)を参考とした。
イ 明治以降の各種の漢字表での漢字の採用状況に関する次の資料
① 福沢諭吉「文字之教」の漢字(明治六年)
② 「尋常小学校ニ於テ教授ニ用フル漢字」(明治三三年)
③ チェンバレン「文字のしるべ」の漢字(明治三八年)
④ カナモジカイ「五〇〇字」(昭和一一年)
⑤ 国民学校国語教科書漢字(昭和一六年～二〇年)
⑥ 大西雅雄「日本基本漢字」(昭和一六年)
⑦ 常用漢字表(大正一二年　昭和六年修正)
⑧ 標準漢字表(昭和一七年)

⑨　当用漢字表（昭和二一年）
⑩　当用漢字別表（昭和二三年）及び小学校学習指導要領の学年別漢字配当表の備考に示された漢字（昭和四三年）
（付）「朝日新聞社特別選定追加漢字」（昭和二一年）

以上の資料を総合的に検討した「漢字の層別」（森岡健二　昭和四八年）を参考とした。
ウ　①　人名用漢字別表（昭和二六年）
②　当用漢字補正資料（昭和二九年）
エ　以上のほか、当用漢字表実施に伴う言い換え・書き換え（いわゆるまぜ書きを含む。）の語に関する次のような資料
①　「新・用字用語集」（昭和四七年　日本新聞協会）
②　「同音の漢字による書きかえ」（昭和三一年　国語審議会報告）
ただし、これらについては十分に検討できなかった。
3　福島慎太郎「常用漢字表の答申について」（『文化庁月報』一九八一・四）。
4　注3に同じ。新漢字表試案から常用漢字表に至る経緯に関し、注3の『文化庁月報』の引用を中心に補足しておく。
——新漢字表試案の公表後一年余、福島会長が厚く信頼していた岩淵悦太郎漢字表委員会主査が死去したとき、会長は一九〇〇字の試案を守り通そうと決意した。その心境は次のように記されている。

先生なら審議会の結論についてもそれ相当の見透しをお持ちであったろうと、今でも私は信じているが、その時は途方にくれる思いであった。

そのとき、私がひそかに度胸をきめたのは、岩渕先生生涯の国語研究、漢字研究の結論がこの新漢字表試案一九〇〇字である以上、この一九〇〇字案を守り通して、先生の記念碑にしようということであった。

しかし、この決意を会長が公言しないまま審議は進み、官庁側、新聞社側の増字要望を取り入れて、次のステップである常用漢字表案は一九二六字となった。

その代わりというわけでもなかったが、私は、岩渕試案にあった「目安」の問題をもっと明確にしたいと考えるようになった。そのために、二年前のことだが、答申するばかりになっていた常用漢字表案の決定を見送ってもらった。

今次の常用漢字表で最大の改革がこの「目安」にあることは御承知のとおりである。当用漢字の制限的性格を改めて、常用漢字表をもって「目安」とするというのであるが、これを目安とし努力目標としていただきたい、しかし野放しにしてもよいということではないとはっきり前文に書き込みたいと念じたのである。これが審議会総会で認められ、最終的に答申された常用漢字表前文に「注」としてではあるが明らかにされているので、私は満足している。

5 「翁虞嚇且侯勺爵薪帥錘畝銑但脹朕奴婆匁隷」の一九字

6 寺島アキ子「二十一年間」(『国語施策百年の歩み』二〇〇三、文化庁)。以下のエピソードも同じ。

7 この期から、総会の回数は期ごとに数えるようになった。

8 この答申および内閣告示においては、「外来語の表記」は事柄としての外来語の書き表し方、『外来語の表記』は答申・告示の文書名としての外来語の表記を意味する、という使い分けが行われた。

第五章　「新しい時代」の施策追求

一　国語問題の整理から二〇〇〇年の三答申へ

1　現代の国語をめぐる諸問題の見渡し

(1) 審議の発端

『外来語の表記』の内閣告示・内閣訓令を以て戦後の国語表記施策の見直しが完結して二か月余り——。平成三（一九九一）年九月五日、新たに発足した第一九期国語審議会の第一回総会が開催された。冒頭、井上裕文部大臣が挨拶を行い、今期は、改めて現代の国語をめぐる様々な問題の所在を明らかにし、今後適切な対応を求められる問題にはどのようなものがあり、どのように対応していくのがよいかなどについて幅広く全体的な立場から審議し、提言することを願いたいと審議会に求めた。ここに、平成一二（二〇〇〇）年末の答申に至る、国語審議会最後の一〇年の活動が始まったのである。

国語審議会が、国語政策の立場から国語の問題を総括的に整理するのは、戦後、改組すぐの第一期に「国語問題要領」（昭和二五〈一九五〇〉年）を、第六期に「国語の改善について」（昭和三八〈一九六三〉年）をまとめて以来のこととなる。

同総会で、会長には一七、一八期に引き続き、日本放送協会名誉顧問の坂本朝一が選出された。その後、第三回総会までは、現代の国語をめぐる諸問題について自由に意見交換を行うとともに、第二回総会（平成三年一〇月二八日）で問題点整理のための委員会設置を決め、第三回総会（同一二月五日）で会長が委員を指名した。

意見交換では、例えば、国立環境研究所長の市川惇信《あつのぶ》委員が国際化・情報化の中での日本語について持論を展開し、女優の幸田弘子委員が古典のリズムや響きを体で味わうことの意義を語り、放送教育開発センター所長の加藤秀俊委員が報道機関の用語について問題にし、国際日本文化研究センター教授の中西進委員が、単語より「表現」としての国語をもっと考えるべきだと主張するなど、幅広く活発な発言が相次いだ。この四人はいずれも今期の新任委員である。前期から継続の委員も活発に意見を述べた。

(2)　検討の積み重ねと報告

問題点整理委員会は林大元国立国語研究所長を主査とする一〇名。第三回総会までの論議を整理して資料にまとめ、第四回総会での検討を経てこれを補訂し、平成四年六月一八日の第五回総会に「現代の国語をめぐる諸問題について（審議経過報告）（案）」として提出した。

この案は、後に「（報告）」となるものの骨格を既に形成しているが、委員個人から出された意見そのものも分類して並べられており、今後、関係各方面の意見も参考に検討・論議を深めていく予定であることが冒頭に書かれている。同案は総会で採択され、鳩山邦夫文部大臣に報告されるとともに、約八千部が各省庁、各都道府県、各市町村、各都道府県・市町村の教育委員会、国公私立大学、報道・出版・印刷の関係協会等に送付された。

一〇月一日の第六回総会では、国語課長から同案に対するおおむね肯定的な反響が披露されたほか、同年六月に実施された総理府の「国語に関する世論調査」の結果が紹介された。その中に、国語の将来のために国や社会に何を望むかという問いがあり、結果は、「学校での国語の教育をより充実させる」がトップで四四・六パーセント。以下、「家庭や社会での言葉の教育を充実させる」（四〇・六パーセント）、「言葉のつかい方について標準を示し、普及・啓発に努める」（三七・三パーセント）などが続き、「文字や表記の仕方の標準を示し、普及・啓発に努める」は七位で一四・四パーセントであった（複数回答）。江藤淳《じゅん》委員（慶應義塾大学教授、日本文芸家協会理事）はこれを取り上げて、「国語審議会がこれまでやってきたことは国民の関心度が低いところである。第一九期国語審議会は画期的な転換点に立っている。国民の関心が示されている諸問題に対して交通整理をしていただきたい。」と問題点整理委員会に要望した。

審議経過報告は再び委員会で検討され、総会や全員協議会での調整を経て、今期最終の第八回総会（平成五年六月八日）で「現代の国語をめぐる諸問題について（報告）」が採択され、森山眞弓文部大臣に報告された。

(3) 報告「現代の国語をめぐる諸問題について」の内容

「現代の国語をめぐる諸問題について（報告）」は、「第1　基本的な認識」と「第2　現代の国語をめぐる諸問題」の二部構成になっている。

「第1」では、まず戦後の国語施策の経緯を簡潔に述べ、次に「国語施策の観点」をまとめる中で、「これからは、表記の問題だけでなく、話し言葉、敬語、共通語と方言のような言葉遣いに関すること、さらには、情報化への対応に関すること、国際社会への対応に関すること、国語の教育と研究に関することなど、広い視野に立って国語の問題全般を取り上げていくことが必要であろう。」と、今後国語施策が視野に入れるべき領域を提示している。さらに、「社会状況の変化と国語」として、価値観の多様化、情報化、国際化等に関わる国語の問題を論じている。

「第2」に立てられた項目は、以下の見出しの五類一六項目であり、それぞれについて、今後対応または検討すべき課題が簡潔にまとめられている。

1　言葉遣いに関すること

(1)　適切な言葉遣い　(2)　放送等の媒体の言葉遣い　(3)　敬語　(4)　方言

2　情報化への対応に関すること

(1)　情報機器の発達とこれからの国語の能力の在り方

(2)　ワープロ等における漢字や辞書（ワープロソフト）の問題

3　国際社会への対応に関すること

(1)　国際社会における日本語の在り方　(2)　日本語教育の推進

(3)　官公庁等の新奇な片仮名語の使用

4　国語の教育・研究に関すること

(1)　国語教育の重要性　(2)　思考力・表現力の涵養と音声言語の重視

(3)　国語研究の振興　(4)　国語の大辞典の編集

5　表記に関すること

(1)　目安・よりどころの趣旨と個人の表記　(2)　交ぜ書き　(3)　その他

総会の意見交換の中で、今期新任で最年少の俵万智委員（歌人、三〇歳）は、情報化社会や外国人の日本語学習などの問題を取り上げたこの報告について、「何か未来に向かって開かれているという感じがした。」と感想を述べた。終戦直後から国語施策に携わってきた八〇歳の林主査は、審議会が取り組むべき問題の見渡しをしたのは「国語問題要領」以来のことであり、自分が非常に大切だ

林　大（1913～2004）

と考えていたことが一つの実現を見たと述べ、続けて、自分は国語の規則を立てる仕事をしてきたが、「規則ではいかない面」としての国語の理想をどう実現していくかについて今後十分議論してほしいと希望し、審議会委員として最後の発言を締め括った。

国会審議のため欠席の森山文相に代わり、会長から報告を受け取った鈴木恒夫文部政務次官は、「今回の御報告の中で御指摘いただきました多くの問題点につきましては、その趣旨を体しまして、今後審議会に対して随時適切な形でお諮り申し上げ、御検討をお願いいたしたく存じます。」と述べた。

次の第二〇期から、具体的な問題の検討が始まることになる。

2　文部大臣の諮問と第二二期までの国語審議会

平成五（一九九三）年一一月二四日、第二〇期国語審議会第一回総会の冒頭、赤松良子《りょうこ》文部大臣は国語審議会に、「新しい時代に応じた国語施策の在り方について」の諮問を行った。昭和四一（一九六六）年の中村梅吉文相による諮問以来、二七年ぶりのことである。

諮問内容は、第一九期国語審議会による現代の国語をめぐる諸問題の整理を受けたものである。諮問に添えられた「理由」には、「従来の国語施策は主として表記に関することを取り扱ってきたが、今後は二一世紀を展望しつつ、新しい時代に応じ得るよう、広い視野に立って国語の問題全般を取り上げていくことが期待されている。このため、言葉遣いに関すること、情報化への対応に関すること、国際社会への対応に関すること、国語の教育・研究に関すること、さらには、引き続いて表記に関することなどについて、逐次検討する必要がある。」と述べられている。

諮問を受けた国語審議会は、第二〇期から第二二期までの三期をかけて審議を進め、平成一二(二〇〇〇)年一二月に、「現代社会における敬意表現」、「表外漢字字体表」、「国際社会に対応する日本語の在り方」の三答申を以てこれに答えた。三答申はそれぞれ、言葉遣いに関すること、情報化への対応に関すること、国際社会への対応に関することに相当し、「現代社会における敬意表現」と「国際社会に対応する日本語の在り方」は、各々の領域における教育の在り方についての提言も含んでいる。また、「表外漢字字体表」は当然ながら表記の問題への取組みでもある。

答申までの間、第二〇期末と第二一期末には審議経過がまとめられ、文部大臣に報告された。第二〇期の審議経過報告は、「I 言葉遣いに関すること II 情報化への対応に関すること III 国際社会への対応に関すること」の三部から、第二一期の審議経過報告は、「第1 現代における敬意表現の在り方 第2 表外漢字字体表試案」の二部から成る。この部立てから、諮問から答申に向けて問題が絞り込まれていく経過と、第二一期には国際社会への対応に関する審議が行われなかったことが見て取れる。この期は言葉遣いと表外漢字字体の問題に集中して審議したのである。第二二期の終盤には答申の基となる三つの委員会試案が公表され、一般からの意見募集(パブリックコメント）の結果も参考に最終調整が行われた。

なお、第二〇期の会長は第一七期から継続の坂本朝一が、仕上げの第二一期と第二二期の会長は、東京家政大学長で元早稲田大学総長の清水司《つかさ》が務めた。

以下、三答申に向かうそれぞれの道筋をたどってみることにしよう。

二　言葉遣いに関する審議——敬語から敬意表現へ

1　「ら抜き言葉」認知しかねる——第二〇期国語審議会審議経過報告

(1)　第二〇期国語審議会の活動概要

第二〇期国語審議会は、「言葉遣いに関すること」を主として検討するための第1委員会と、「情報化への対応に関すること」および「国際社会への対応に関すること」を主として検討するための第2委員会を設置した。平成六年三月一〇日の第三回総会で両委員会のメンバーが決まり、以後は両委員会が中心に問題に取り組み、その「論議の概要」を資料として総会で検討する形で審議が進められた。終盤には、文化庁の「国語に関する世論調査」(平成七年四月)や全委員対象のアンケートの結果も盛り込んで今期の審議経過報告を取りまとめ、平成七年一一月八日の第九回総会で島村宜仲文相《よしのぶ》あてに報告した。

(2) 第二〇期報告の言葉遣いに関する見解

第二〇期国語審議会審議経過報告の「I 言葉遣いに関すること」は、「1 基本的な認識 2 言語環境の重要性 3 敬語の問題 4 その他」から成る。これを中心的に取りまとめたのは、前国立国語研究所長で神戸松蔭女子学院大学教授の野元菊雄を主査とする第1委員会(一二名)である。

「1」は、「国語はその時代、その時代に生きる人々の日々の言語生活の総体である。」との一文に始まり、昭和四七年の建議「国語の教育の振興について」を引いて、国語審議会が、「平明、的確で、美しく、豊かな言葉」を言葉遣い全体の理想的なイメージとしてきたことなどを述べている。「言葉が伝達手段として十分に機能するには、相手や場面に適切でなければならず、不適切である場合には伝達機能ばかりか人間関係の阻害にさえつながりかねない。」との指摘は、後に「敬意表現」を提唱する答申へとつながっていく問題意識である。

また、「言葉遣いの標準」に関しては次のような見解を示し、審議会が「標準」を打ち出していく姿勢を表明している。

世論調査等によって問題の実態を把握しつつ、慎重かつ十分に審議を重ねた上で、言葉遣いの理念を示し、具体的な事柄についてはそれぞれ本来の語形・用法、変化の方向性を示すことが国語審議会の責務とも言える。さらに、将来はその見識に基づいて、言葉遣いに関する、強制力のない緩やかな標準を示すことに取り組んでいく必要もあろう。

「2」では、学校、家庭、地域社会、新聞・放送等における言語環境整備の必要性を指摘し、国についても啓発事業実施等の方策の必要性を、例を挙げて述べている。

「3」では、表現形式の簡素化や親疎の関係の重視など、現代敬語の特徴を指摘し、総理府（平成四年）や文化庁（同七年）の世論調査で国民の九割以上が敬語使用に肯定的であったことを確認する。そして、従来、敬語に関する唯一のよりどころとされてきた国語審議会建議「これからの敬語」（昭和二七年）について、今期の審議の中で見直した結果を記述している。

それによれば、「これからの敬語」が「基本の方針」とした、「行きすぎをいましめ、誤用を正し、できるだけ平明・簡素にありたいものである。」という敬語の基本的考え方は継承してよいとしつつ、必要に応じて様々な敬語を用いることについても、「現実に要請されることでもあり、豊かな言葉遣いのためにもあながち否定はできない。」と含みを持たせている。個別的な事項についても、例えば人称代名詞について、「これからの敬語」が「標準の形」とした一人称の「わたし」は現在最も一般的な語となっているが、二人称の「あなた」はそうではないこと、接頭語について、「これからの敬語」が「ご」を「省く方がよい」とした「(ご) 芳名」「(ご) 令息」等は、現実にはむしろ多く使われていることなど、「これからの敬語」の内容をクリティカルに検討している。

「4」では、いわゆる「ら抜き言葉」など語彙・語法等の問題と、ガ行鼻濁音、語尾上げなど発音・アクセントの問題が扱われている。「見れる」「来れる」などの「ら抜き言葉」については、その来歴や使用状況を解説した上で、「共通語においては改まった場での「ら抜き言葉」の使用は現時点では認知しかねるとすべきであろう。」とした。

以上のように、第二〇期国語審議会は言葉遣いに関する認識を構築していく途上にあり、若干の提言を含みつつ現状分析を基調とする審議経過報告をまとめたのであった。

2 「制度」か「心」か——第二一期国語審議会の路線選択

(1) 検討の視野拡大と問題点

第二一期国語審議会に設置された第1委員会は、北原保雄筑波大学教授(国語学)を主査に選出した。前期の審議経過報告は、広く言葉遣いの問題を整理していたが、第二一期ではこれを出発点として、「敬語を中心とする言葉遣い」の問題に絞って取り組んだ。

この期の審議の流れの大きなポイントは、コミュニケーションを円滑にする言葉遣いの機能に着目し、敬語だけでなく、相手や場面に応じた様々な配慮の表現を含めてその在り方を提言する方向に舵を切ったことである。これには、待遇表現の研究が、周辺の言語行動も含めた視野で敬語を捉えるようになっていたことや、第1委員会に徳川宗賢《むねまさ》、井上史雄《ふみお》、井出祥子《さちこ》といった、社会言語学に関心を置く委員が所属していたことなどが推進力となったと言えよう。

しかし、国語施策が人々の言葉遣いに関わろうとするにあたっては、その必然性や関わり方など、まことに微妙なところがある。昭和二七年の「これからの敬語」は「平明・簡素な敬語」という基本方針のもと、言語形式の標準や将来性があると認める形（「あなた」「さん」「れる・られる」など）を掲げていた。強制力はないが、参考にする人にとって明確な目安となる具体的なものであった。それに対し、「様々な配慮の表現」は文字どおり様々であり、定型化できないものも多く、「配慮」という心の問題に政策が踏み込むべきかという問題にも突き当たることになる。

(2) 議論と審議経過報告

このことは審議会でも問題となり、平成九年六月一九日の第五回総会では、この期の副会長でもあった江藤淳委員（大正大学教授、日本文芸家協会理事長、評論家）と第1委員会所属の井出祥子委員（日本女子大学教授、言語学〈社会言語学〉）との間で論争があった。

江藤副会長は、「言語は社会的制度である」というソシュールの言葉を引き、

（我々は）日本語の著しい特徴であるところの社会的制度としての敬語を扱っているのではないだろうか。個々の人間の心や思いやりがある方がいいんだ、思いやりがおのずから表れて敬語になるんだというようなのは、一つの考え方ではあろうけれども、私は少なくとも政府の審

議会が一人一人の「心」を云々するということには反対である。思いやりがなくても丁寧な敬語を使うということは幾らでもあるわけである。それがまた社会生活を円滑にするわけで、思いやりと言語の問題とは別問題だと思う。

と述べ、国語審議会は「標準を示すべきである」との考え方を示した。これに対し井出委員は、

江藤委員は言葉遣いの基本は「心」であるということに反対なさったが、「心」の問題に触れてこなかった言語の分析の伝統というのは、ソシュールが元凶であると私は見ている。言葉をシステムとして見てしまったために「心」との関係で見てこなかった。

と述べ、ソシュールがラングとパロールのうちのラングだけを、チョムスキーがコンピタンス（言語能力）とパフォーマンス（言語運用）のうちのコンピタンスだけを分析の対象としたことに代表される言語学の方法を批判した。そして、

敬語の研究について言えば、構造の研究はよく行われてきたが、それ以外の本当の意味での敬語の側面、つまり人間が社会生活の中で敬語をどうして必要としているのか、それがどういう効果、機能を持っているのかということに対して、言語学者たちが余りやってこなかったと

いう現状がある。

と指摘し、第1委員会委員の立場で、提言の理論武装のため「もう少しお時間をいただきたい」と付け加えた。

江藤副会長の問題意識の焦点は審議会の役割に、井出委員の場合は言語の本質にあると思われる。井出委員としては、敬語の本質の分析を素通りしては、提言も理論武装も成り立たないという意識が強かったのであろう。

このような議論を挟みながら、第二一期国語審議会は結局、「狭い意味の敬語を含む敬意にかかわる表現」を「敬意表現」と名付けて打ち出す方向に進んだ。この期の終わりの審議経過報告（平成一〇年六月二四日）は、敬意表現の内容や在り方を、敬語を含めて解説し、「次期の審議で具体的な敬意表現の標準を示すことに取り組む」と、予告している。

なお、第二一期国語審議会の任期中に北原第1委員会主査が筑波大学長に就任し多忙となったため、改めて学習院大学教授の徳川宗賢が副主査に選任され、審議経過報告の取りまとめにも精力的にあたった。

3　第二二期国語審議会と答申「現代社会における敬意表現」

第二二期国語審議会は平成一〇（一九九八）年一二月に発足し、翌一一年三月、徳川は第一回の第1委員会で主査に選出された。しかし、惜しまれることに、わずか三か月後の六月六日に心筋梗塞で急逝し、井出委員が主査を引き継いだ。委員会の結論は当然合議によるが、第二〇期から野元菊雄、北原保雄、徳川宗賢、井出祥子と引き継がれた主査のリーダーシップは、各時期の報告や答申の内容に大きく影響した。

第1委員会や、同委員会内に設置されたワーキンググループの敬語小委員会を軸とした審議により、「現代社会における敬意表現」が取りまとめられ、最終の第九回総会（平成一二年一二月八日）で採択、町村信孝文部大臣に答申された。

答申は、「I　言葉遣いに関する基本的な認識　II　現代社会の言葉遣いをめぐる課題　III　言葉遣いの中の敬意表現　IV　敬意表現についての留意点」の四部から成る。「I」に先立って、「はじめに」の小見出しが付いた前置きがあるが、その冒頭で、「国語審議会は現代社会の言葉遣いの在り方を考える上で重要な概念として「敬意表現」を提唱する。」と宣言し、「敬意表現とは、コミュニケーションにおいて、相互尊重の精神に基づき、相手や場面に配慮して使い分けている言葉遣いを意味する。」と定義している。（注1）

Ⅰでは、「平明で、的確で、美しく、豊か」な国語の理想像や、「言葉の乱れ」の問題に触れ、個々人のものであり社会のものでもある言葉を一人一人が適切に用いていくことの大切さを指摘する。Ⅱでは、都市化、少子高齢化、両性の平等意識の定着等の、現代の社会状況に関わる言葉遣いの課題を説く。例えば、産業構造の変化、都市化の進展により地域社会の共同体的性格が変化し、人間関係の希薄化と広範化・多様化に応じた多様な言葉遣いや配慮が必要になっていると指摘する。また、少子高齢化の中で、若者と高齢者が相互に尊重し合って円滑なコミュニケーションを図ることが求められるとしている。

Ⅲでは、例えば「その本、貸してくれない↑」（↑は上昇音調）という言い方において、「〜てくれる」という恩恵を示す言葉や「ない」という否定形、それに語尾を上げることが相手への配慮を表していることなど敬意表現の具体例を挙げ、敬意表現に関わる配慮を、①人間関係、②場面、③伝える内容、④相手の気持ちや状況、⑤自分らしさ、に関わって説明している。敬意表現は定型のもの（敬語、挨拶、決まり文句など）、非定型のもの（話し手が随時工夫する言葉遣い）、音調によるものなど多様である（図13）。Ⅳでは、過剰な敬意表現を避ける、相手や場面により共通語と方言を使い分ける、電子メールなど媒体の特性に配慮するといった敬意表現の留意点を述べ、家庭、社会、マスメディア、学校等における敬意表現の習得についても解説している。

国際化を意識していることはこの答申の一つの特色で、Ⅱに「外国人との意思疎通における言葉遣い」、Ⅳに「外国人との意思疎通と敬意表現」の一項を設け、敬意表現の習得の項でも「外国人に対する日本語教育」に触れている。言語習慣や文化の違い、外国人の日本語習熟度への配慮の必要性などが指摘されている。また、Ⅳで、「地域の言葉に根ざした敬意表現」として方言の敬意表現の価値を指摘しているのも、本答申の時代的特色を表している。

このように、言葉遣いの答申は、前期予告のイメージとはいささか趣を異にして、多様な敬意表現やその意義を人々に意識化してもらうことを主眼とし、語形の標準は示さない指針として世に出たのであった。

第二二期の後半の総会で、浮川和宣《かずのり》委員（ジャストシステム社長）が、人間関係のフラットな社会を目指すべきだという立場から、多様な配慮を必要とする複雑な敬意表現をむしろ廃して、シンプルな言葉遣いにすべきだと繰り返し主張した。井出主査や小委員会の委員からは、「これ貸してくれない↑」なども認める敬意表現は簡素化と矛盾せず、また、伝統固守ではなく言葉遣いのス

【前置き表現や理由の説明】「ちょっといい↑」「恐れ入りますが」「…なので」など、前置きの言葉や理由の説明によって配慮を表す。
【人間関係に配慮した言い方】相手と立場が同じか異なっているかによる配慮や、親しい相手が否かによる配慮を表す。親しい相手には「暑いね」と言い、そうでない相手には「暑いですね」と言うなど。
【場面に配慮した言い方】日常では「それどういう意味？」と聞く親しい相手にも、会議では「それはどういう意味でしょうか」と言うように、場面の改まりに応じた配慮を示す。
【相手の気持ちや状況に配慮した言い方】相手が忙しそうなときには「忙しいときに悪いけど」と言うなど、相手の置かれた状況や気持ちへの配慮を表す。

図13　敬意表現の例

トライクゾーンを広げるものだとの答弁があったが、両者の間の共通理解は成立しなかった。答申は、Ⅲの中で、同答申が「これからの敬語」の簡素路線（過剰使用を避ける）を受け継いでいるとしているが、この性格付けは曖昧さを残している。

また、言葉遣いにおける多様な配慮の表現の意識化を促したこの答申は、具体的な言葉遣いの指針としての性格は希薄であり、なおそのような指針を求める動きを、数年後に呼び起こすこととなる。

三　表外漢字の字体に関する審議

――表記施策、常用漢字表外に踏み出す

1　第二〇期における情報化の問題整理

(1)　情報機器の発達と国語の能力の問題、交ぜ書きの問題

赤松文部大臣の諮問理由にあった、「情報化への対応に関すること」についても、言葉遣いの問題同様、第二〇期国語審議会で比較的幅広い論点整理をし、第二一期に問題点を絞って中間的な報告を行い、第二二期に答申するという流れをたどった。

第二〇期に情報化の問題に取り組んだのは、国立国語研究所長の水谷修を主査とする第2委員会(一五名)である。第二〇期国語審議会審議経過報告の「II 情報化への対応に関すること」は、後に答申につながっていく「ワープロ等における漢字の字体の問題」に先立って、「情報機器の発達と国

語の能力」と「交ぜ書きの問題」について整理している。

前者に関しては、今後ますますワープロやパソコンの使用が一般化することになると思われる状況下において、特に表現力・思考力の形成過程にある子供たちに、情報機器がどんな影響を与えるのかという問題の存在を指摘し、調査・研究の実施を提言している。

後者については、漢語の一部を仮名書きにする交ぜ書きを一概に否定することはないが、読み取りや意味把握が困難になる場合は、言い換えなどの工夫（「隠ぺい（蔽）→隠す」「狭あい（隘）→狭い」など。×は表外字）や振り仮名付きの漢字で書くなどの配慮をする必要があろうとの見解を示している。交ぜ書きは、当用漢字表の範囲内の漢字で国語を書き表そうとした漢字制限の産物である。制限によって生ずる読みやすさと読みにくさの接点にある問題として、国語審議会でかねて議論されてきた。昭和五六年の常用漢字表実施により、国の基準の性格が「目安」となって以来、公用文や新聞等でも表外の漢字を用いる自由度が高まり、また、人々がワープロ等で難しい漢字を簡単に使えるようになった新状況下で、改めて交ぜ書きの扱いの問題が浮上したのである。

(2) ワープロ等における漢字の字体の問題

内閣告示の常用漢字表は、字種・音訓とともに字体も示している。しかし、表外の漢字の字体については国の基準がなく、表内字に施された字体の整理に準じて表外字にも整理を及ぼすかどうかについては、「当面、特定の方向を示さず、各分野における慎重な検討にまつこととした。」（「常用漢字表」答申）とされていた。実態として、辞書や教科書をはじめ書籍においては、多くは伝統的ないわゆる康熙字典体（康熙字典を典拠として作られてきた明治以来の活字字体）が用いられていた。新聞では、三大紙のうち朝日が昭和三〇年代から大幅に略字体を取り入れていたが、読売・毎日はいわゆる康熙字典体を基本としつつ、「しんにゅう」「しめすへん」「しょくへん」に限って略字体を用いる（辶→⻌、示→礻、𩙿→飠）というような、ばらつきがあった。一般の人々は、康熙字典体や略字体などを、個々人の判断で適宜用いて筆記していたと考えられる。[注2]

右の「常用漢字表」答申の姿勢は、字体整理の賛否両論に配慮していたが、時代は既にどっちつかずの姿勢を許さない情勢となっていた。すなわち、昭和五三年一二月に日本語ワードプロセッサ第一号機の東芝製「ＪＷ―10」が発売されて以来、ワープロは次第に普及し、特に平成に入ると、一般の人々にとってワープロによる表記が特殊なものではなくなりつつあった。[注3]また、情報処理装置や通信システムにおける情報交換のための文字コードが、通商産業省所管の日本工業規格（ＪＩＳ）において規格化され、しかもその第二次規格（昭和五八年）が多くの表外字に略字体を採用したため、人々の目にする書籍等と、ワープロ印字との間で不統一が生じ（例えば「冒瀆↔冒涜」「摑む↔掴む」「森鷗外↔森鴎外」）、ワープロで書こうとすると、規格に拘束されて辞典や教科書などにある形の漢字が出せない、あるいは規格の異なる機器間の情報交換で字体が変わってしまう（文字化け）といった問題が生じていたのである。

第二〇期の審議経過報告はこの問題状況を整理し、「一つの考え方として、現在の社会生活での慣行に基づき、康熙字典体を本則としつつ、略体については現行のＪＩＳ規格や新聞などで用いられているものに限って許容していくという方向も考えられる。今後、表外字全般の字体の問題に取り組むことについて更に論議を続けることとしたい。」とした。

2　表外漢字字体表の答申とその内容

第二一期国語審議会の第２委員会（水谷修主査以下一四名）は「主としてワープロ等における漢字の字体の問題」を課題として設置され、審議経過報告「表外漢字字体表試案」を作成した。第二二期の第２委員会（樺島忠夫主査〈大阪府立大学名誉教授、国語学〉以下一一名）はこれを引き継いで「表外漢字字体表」を取りまとめ、国語審議会は同期第九回総会（平成一二年一二月八日）でこれを採択し、町村信孝文部大臣に答申した。

「表外漢字字体表」は、「法令、公用文書、新聞、雑誌、放送等、一般の社会生活において表外漢字を使用する場合の字体選択のよりどころ」を示そうとするものである。具体的には、常用漢字とともに使われることの比較的多いと考えられる表外漢字を漢字出現頻度数調査によって特定し、その範囲について、印刷標準字体（一〇二二字）と簡易慣用字体（二二字。図14）とを掲げている。印刷文字の基準であり、手書きは対象外である。

漢字出現頻度数調査は、平成九年に凸版印刷、大日本印刷、共同印刷が印刷した書籍の三千七百万余字を対象として一度実施し、さらに、平成一二年に凸版印刷の三千三百万余字と読売新聞の二千五百万余字を対象として行った（新聞は、字体でなく字種の調査が目的）。調査の結果、書籍類において、常用漢字や人名用漢字はその漢字表の字体が、それ以外の漢字はいわゆる康熙字典体が主として使われていることが、改めて明らかになった。

そこで、現実の使用実態を混乱させないことを最優先として、結果的に、印刷標準字体には、多くは康熙字典の掲げる正字体と一致する字体が採用され、俗字体・略字体が歴史的にも現在も多く使われている少数の漢字にはその字体（餅〔↕餠〕、兎〔↕兔〕など）が採用された。簡易慣用字体は、俗字体・略字体等の中で、使用習慣・使用頻度等から、印刷標準字体と入れ替えて使用しても支障ないと判断されたものである。使用に際しては、印刷標準字体を優先し、必要に応じて簡易慣用字体を用いることも差し支えないとされた。また、「しんにゅう、しめすへん、しょくへん」の三部首は、現に「⻌、ネ、𩙿」を用いている場合にはこれを認めることとした。

標	簡	標	簡
啞	唖	搔	掻
穎	頴	瘦	痩
鷗	鴎	禱	祷
攪	撹	屛	屏
麴	麹	幷	并
鹼	鹸	枅	栟
囓	噛	麵	麺
繡	繍	濾	沪
蔣	蒋	蘆	芦
醬	醤	蠟	蝋
曾	曽	彎	弯

図 14 簡易慣用字体一覧
（標：印刷標準字体、簡：簡易慣用字体）

第２委員会と、その作業部会としての字体小委員会は、漢字・字体使用の現状と歴史的経緯に係る膨大なデータ資料を基に、精力的に分析・検討作業を行い、これらの結論を導き出し、細部にわたり字体表を仕上げたのであった。

3　表外漢字字体表の影響と政府の対応

「表外漢字字体表」は、そこに掲げた漢字を使う場合の字体選択のよりどころであって、それらの漢字の使用を推奨するものではない。言い換えれば、常用漢字表の拡張を意図するものではなく、むしろ同答申前文は、ワープロ等による漢字の多用化傾向の中で、漢字使用の目安としての常用漢字表の意義は「かえって高まっていると考えるべきである。」と述べている。

しかし、国の機関が常用漢字表外の領域に漢字の基準を立てたことは、相応の影響を社会に及ぼした。答申が出ると程なく、書店には〝表外漢字字体表準拠〟を謳う漢和辞典が並んだ。この表が、国民や日本社会に対し、「常用漢字とともに使われることが比較的多いと考えられる表外漢字」(「表外漢字字体表」〔字体表の見方〕)の範囲を形にして見せたことは、常用漢字表内にとどまる意識よりも、表外に及んで表記しようとする意識の方を助長したと考えるのが自然であろう。

なお、政府は、この表を常用漢字表などのように内閣告示・内閣訓令とする形はとらず、関係部署による調整を経て、経済産業省が平成一六(二〇〇四)年二月二〇日に、パソコン、ワープロ等の字形の基となっているＪＩＳ漢字コード表を改正し、例示字形一六八字の変更と一〇字の追加により表外漢字字体表と整合させるという方法で対応した。この改正に従い、パソコンなどに搭載される字形が徐々に印刷標準字体に変更されることによって、表外漢字字体表の趣旨が、社会的に実現されていくものと思われる。

四　国際社会への対応に関する審議——〝地球社会〟における日本語への提言

1　第二〇期および第二二期国語審議会の取組み

国語審議会が赤松文部大臣の諮問に応じて取り組んだもう一つの課題は「国際社会への対応に関すること」であった。これについては、まず第二〇期の第2委員会（水谷修主査以下一五名）が情報化の問題と併せ検討して審議経過報告を行い、一期置いて第二二期の第3委員会（同じく水谷主査以下一六名）がこれを引き継いで、答申「国際社会に対応する日本語の在り方」をまとめた。同答申は、同期第九回総会（平成一二年一二月八日）で採択され、他の二答申とともに、清水会長から町村文部大臣に提出された。委員会主査の水谷は、第二〇期には国立国語研究所長、第二二期には名古屋外国語大学教授であった。

第二〇期の審議経過報告は、国際化に関係する問題をひととおり整理し、外来語増加の問題については、官公庁、新聞・放送等での安易な外来語使用を戒め、姓名のローマ字表記については、姓と名のどちらを先にすべきかの両論を併記し、国語審議会内で「姓―名」の順への支持が多かったことを紹介している。

第二二期第3委員会は第一回の審議で、この報告や第一九期以来の審議内容を確認した。水谷主査は論議の冒頭に「一九期、二〇期の枠に縛られず、新しい見方を用意したい。」と述べ、同委員会は、第二二期の前半を、各委員の専門分野からの発表を基に論議し「新しい見方」を作ることに充てた。例えば、鳥飼玖美子委員（立教大学教授、通訳翻訳論）が通訳と外国語教育の接点について、中野美代子委員（前北海道大学教授、中国文学）が古代以来の東西言語交流文化誌について、平野健一郎委員（早稲田大学教授、国際関係論）が国際社会と言語について、柏倉康夫委員（京都大学教授、二〇世紀学）がフランスの言語政策について、上野田鶴子《たづこ》委員（東京女子大学教授、日本語教育）が異文化の中の日本語について発表している。

第二〇期審議経過報告の「国際化と言語の問題」の節は次のように書き出されていた。

日本社会における国際化の進展に伴って、諸外国との交流が広範な分野にわたって日常化し、様々な場面での異文化接触が多くの国民にとっても次第に一般的なものとなりつつある。このような社会の変化は、日本に限らず世界的な現象として共通するものである。

第二二期の答申における「国際社会と言語」の書き出しは次のようである。

言語は人々のコミュニケーションを担い、一人一人の自我の意識を支える大きな役割を担っているものである。近代国家においては、言語は人々の生活や意識の基盤として、国民統合のために重要な役割を果たしてきた。一方で、人類はその永い歴史の中で、古くから言語の違いを超えて交流を行い、外交や通商、文化などの様々な分野で関係を築いてきた。

最近の国際社会は、国境を超えた地球社会としての性格を強めつつある。

第二〇期の視野は、まず国内にあり、国単位の交流を意識し、そこから世界を見る。第二二期の答申は、言語と世界とを俯瞰するところから出発する。一九九〇年代に著しく進行した「国際化」から「グローバル化」への流れの上に、そして、第三委員会委員の蓄積と協同の上に、この視野の取り方の飛躍がある。(注4)

2　答申が示す日本語の在り方

答申「国際社会に対応する日本語の在り方」は、「I 国際社会における日本語　II 日本語の国際化を進めるための方針　Ⅲ　国際化に伴うその他の日本語の問題」の三部から成る。「Ⅰ」に先立って置かれた「はじめに」には、国語審議会がこの審議にあたり、「これからの世界における言語や文化のあるべき姿を求め、世界の中で日本語を生かしていくことが世界の言語や文化のあるべき姿と調和し、人類の繁栄と幸福にも資するような在り方を追求することを基本姿勢とした。」と書かれている。

「Ⅰ」では、近年、英語が実質的に世界の共通語としての機能を強めつつある一方、個々の言語や文化を尊重し、それらを共に生かし合える世界を作ろうとする動きが高まっていることを、国際調査の結果や、ユネスコ、ＥＵの多言語尊重方針などの具体例を挙げて指摘している。国語審議会は、世界の一つ一つの言語を人類共通の財産と捉え、様々な言語の存在が人類の多様性を生かすと考える立場に立つ。そして、日本語については、我々日本人が、日本語やその所産の価値・役割などが地球社会で発揮されるように行動する主体性を持つべきだと主張する。背景には、海外での日本語への高い期待や、日本語学習者の急増がある（表４・表５）。表４は、世界二八か国・地域で実施した調査で、「日本語」を挙げた人の割合が上位三位までに入った国・地域（日本を除く）である（更に、一か国で第四位、七か国で第五位となっている）。

右の考えに基づき、「Ⅱ」では日本語の国際化を進めるための方針を示している。ここで言う「日本語の国際化」は、世界の中で日本語使用が広がること、日本語の使い方が国際的コミュニケーションに一層適したものになること、の二側面を持つ概念である。

	1位	2位	3位	4位
オーストラリア	英語 83	**日本語 50**	中国語 29	フランス語 18
韓国	英語 93	韓国語 48	**日本語 43**	中国語 22
アメリカ	英語 88	スペイン語 56	**日本語 23**	フランス語 18
中国	英語 93	中国語 65	**日本語 21**	フランス語 8
台湾	英語 91	北京語 36	**日本語 17**	台湾語 8
シンガポール	英語 95	中国語 41	**日本語 13**	フランス語 7
インドネシア	英語 87	インドネシア語 49	**日本語 8**	アラビア語 8

（日本語観国際センサス〈1997〜1998〉より）

表４　今後世界のコミュニケーションで何語が必要になると思うか

（複数回答。数字は挙げた人の割合〈%〉）

1979年	1984年	1988年	1993年	1998年
127,167	584,934	733,802	1,623,455	2,102,103

（国際交流基金調べ）

表５　海外の教育機関における日本語学習者数（単位：人）

方針は、次の三つである。

(1)　世界に向けた情報発信の促進（電子媒体や通訳・翻訳の充実など）

(2)　多様な日本語学習需要に応じたきめ細かな学習支援（国内・海外での支援と、その基盤強化〈関係機関の連携、情報メディアの活用、外国人日本語指導者の養成〉）

(3)　国際化に対応する日本人の言語能力の伸長

(1)と(2)が「日本語の国際化」の第一の側面、(3)が第二の側面に資する。(3)については、伝統的な日本人の意思伝達は察し合いによる部分が大きいが、異文化を背景とする人とのコミュニケーションでは、①自己の考えの十分な言語化、②平明・的確・論理的な伝達、③相手の文化を考えた柔軟な表現・理解、に留意すべきだとする。そして、日本人としての主体性と異文化への対応力を有し、確かで柔軟な言語能力を備えた国際化に対応できる日本人を育てる言語教育が必要だとしている。

このように、答申は、多言語多文化尊重の理念のもと、日本語を担う者の主体的行動として、日本語の国際化を提言したのである。

3　外来語増加への対応と姓名のローマ字表記の問題

答申「国際社会に対応する日本語の在り方」の「Ⅲ　国際化に伴うその他の日本語の問題」は、「外来語・外国語増加の問題」と「姓名のローマ字表記の問題」を取り上げ、国語審議会の見解を述べている。それらの見解も、国際化時代にふさわしい日本語を作り上げることや、人類の文化の多様性を生かしていくことを目指す点で、答申全体を貫く理念のもとにある。

(1)　外来語・外国語増加の問題

外来語・外国語は、①外来の事物や新概念を表す、②専門用語として用いる、③その語のイメージを活用する（例：職業婦人→キャリアウーマン）といった機能や目的で使用され、日本語として定着しているものも多い。しかし、国際化に伴う外来語・外国語の使用増大により、①一般の人々にとって覚え切れないほどに新しい語が次々に出現する、②専門領域で使われていた語がそのまま一般社会に流出する、③白書・広報紙など公的な文書や、多くの人を対象とする新聞・放送等にも目新しい外来語・外国語が出現する、などの問題が生じている。文化庁の「国語に関する世論調査」（平成九年一月）で、「新聞やテレビに出てくるカタカナ語の意味が分からなくて困ること」が「ある」と答えた人は、実に九割（八九・四％）に上った。これを、「日本語の質」という点から考えれば、意味が分からなくて互いに通じ合えない、あるいは意味の曖昧な語がイメージだけで多用されるような日本語は、国際化時代にふさわしい平明・的確な伝達力を備えた言語の在り方から遠ざかるものと言える。

答申は、外来語・外国語の機能や魅力も認識し、その使用は一般的には個々人の判断に属するとしつつ、

官公庁や新聞・放送等においては、発信する情報の広範な伝達の必要性及び人々の言語生活に与える影響の大きさを踏まえ、一般に定着していない外来語・外国語を安易に用いることなく、個々の語の使用の是非について慎重に判断し、必要に応じて注釈を付す等の配慮を行う必要がある。

と述べた。そして、官公庁・報道機関等を対象に、図15に示す区分を以て、外来語・外国語の取扱いの例を示した。

一般に定着している語→そのまま使用する
ストレス　スポーツ　ボランティア リサイクル　ＰＴＡ
日本語に言い換えた方が分かりやすくなる語 →言い換える
アカウンタビリティー（説明責任など） イノベーション（革新など） インセンティブ（誘因、刺激、報奨金など） スキーム（計画、図式など） プレゼンス（存在、出席など）
分かりやすい言い換え語がない語 →注釈を付すなど工夫する
アイデンティティー　アプリケーション デリバティブ　ノーマライゼーション
ローマ字の頭文字を使った略語 →初出時には日本語訳を付す
ＡＳＥＡＮ（東南アジア諸国連合） ＮＰＯ（民間非営利組織） ＰＬ法（製造物責任法）

図 15　外来語の分類と取扱いの例

(2) 姓名のローマ字表記の問題

日本人の姓名を、欧米の人名の形式に合わせ、「名―姓」の順に転倒して表記する慣習は、明治の欧化主義の時代（いわゆる鹿鳴館時代）に定着して以来のものである。しかし、本来の形式で表記すべきだとする意見も多く聞かれるようになり、文化庁の「国語に関する世論調査」（平成一一年一月）で、英文における日本人の姓名表記について尋ねた結果は、「「姓―名」の順で通すべきだ」（三四・九％）とした人が、「「名―姓」の順に直すのがよい」（三〇・六％）、「どちらとも言えない」（二九・六％）をやや上回った。

ワシントン・ポストの極東総局長だったトム・リードは、同紙が百年以上にわたり、中国、朝鮮半島、シンガポール等々のアジア人の名前は姓を先に、日本人に限って名を先に表記してきたことに疑問を感じ、日本人は日本人らしく扱おうと社内でキャンペーンを張ったが、肝心の日本人のアンケート（自分の姓名をどちらの順で表記してほしいか）で意見が分かれてしまったため、成功しなかったというエピソードを紹介している。(注5) 彼も指摘するように、これは日本人自身の選択の問題なのである。

世界の人名の形式は、「名―姓」「姓―名」のほか、「名」のみのもの、自分の「名」と親の「名」を並べるものなど多様である。例えば、マレーシア首相を務めたマハティール氏の正式名「マハティール・ビン・モハマッド」は、「モハマッドの息子マハティール」の意味である。国語審議会は、人類の持つ言語や文化の多様性を人類全体が意識し、生かしていくべきであるとする立場から、それぞれの社会の文化や歴史を背景とする固有の人名形式が生きる形で紹介・記述し合われることが望ましいと考えた。したがって、日本人の姓名表記はローマ字においても「姓―名」の順とすることが望ましいと結論づけた。そして、今後、官公庁や報道機関等における表記、また学校教育における英語等の指導においても、この趣旨が生かされることを希望したのである（図16）。

○「姓―名」の順とする
　例：Yamada Haruo
○次のような方法で「姓―名」の構造を示すことも考えられる
　例：YAMADA Haruo
　　　Yamada, Haruo

図16　姓名のローマ字表記の例

(3)　政府の対応等

この答申（平成一二年一二月八日）を受け、文化庁では同庁次長名で、各官庁や都道府県知事、各都道府県の教育委員会教育長、国公私立各大学その他の関係機関に、「外来語・外国語の取扱い及び姓名のローマ字表記について（依頼）」（同月二六日）を発し、各管下の文書等について、答申の趣旨に沿った対応を依頼した。

姓名のローマ字表記に関し、英語の教科書については、答申に先立つ九月の総会で、「姓―名」順のローマ字表記を含む委員会提案が出ていたことから、教科書会社の対応の動きが広がり、例えば中学校用教科書で、従来は七社中一社が日本人の登場人物紹介を「姓―名」順としていたのが、平成一四年度版からは逆転し、一社を除く六社で「姓―名」順を採用することになった。答申後、例えば文部省内で大臣ら幹部が名刺のローマ字表記を「姓―名」順としたり、新国立劇場のポスター等で、日本人出演者名のローマ字表記を「姓―名」順に改めたりするなどの対応がとられた。

しかし、第二二期国語審議会の資料となった英字新聞の記事で、金大中（韓国大統領）、小渕恵三（日本首相）、朱鎔基（中国首相）と並んだ「姓―名」順の三首脳が、「Kim Dae Jung」、「Keizo Obuchi」、「Zhu Rongji」と表記され、小渕首相の名前だけがひっくり返っていた不自然さは、その後も一部を除いて解消されていない。スポーツの国際大会における日本人名の表記も、両様のものが見られるが、「姓―名」は劣勢のようにも感じられる。日本人の海外での活躍に伴い、「Hideki Matsui!」などの音声に接してなじんでしまうこともあろうが、コミュニケーションにおける呼び掛けはともかく、公式な表記を本来の形で行うことが定着するか、今後の推移が注目される。

外来語・外国語の問題については、問題となる語を例示したこの答申から進んで、平成一四年以降、国立国語研究所がまとまった量の外来語を一語一語言い換え、公表する事業が展開されることになる。これについては次章で扱うことにする。

五　国語審議会の終幕と〝拡張の一〇年〟

平成一二（二〇〇〇）年一二月八日、「現代社会における敬意表現」「表外漢字字体表」「国際社会に対応する日本語の在り方」の三答申を以て、国語審議会は活動の幕を下ろした。翌年一月の省庁再編に伴い、審議会も整理統合されたのである。

右の三答申に至る一〇年は、日本にとって、バブル経済破綻のツケを抱え閉塞感の支配した、「失われた一〇年」とも言われる時代であった。しかし、国語施策については「拡張の一〇年」とも称すべき時代であった。「拡張」のきっかけは表記施策見直しの完了であり、そこで国語問題を見渡したとき、国語は情報化、国際化、マスコミの影響力増大、人間関係の変化、外国人の日本語学習者急増などの波に洗われていたのである。政策はそれらに対応すべく、おのずと従来の殻を破ることとなった。

主たる「拡張」は三つのベクトルに従っていた。一つ目は、言葉遣いの指針における「敬語」から「敬意表現」への視野拡張、言い換えれば、井出祥子委員の言う「パロール」を対象とする領域への進出である。国語施策において、言語表現は、語用論的ないし社会言語学的な考察をより多く伴って扱われることになった。二つ目は、情報化に伴う漢字使用基準の範囲拡大、すなわち常用漢字表外への進出である。まずは印刷字体の基準作成から、それは始まった。三つ目は、国際化に伴う国語施策の視野拡大、すなわち世界を視野に入れた国語（日本語）政策への第一歩である。国際社会に対応する日本語の理念と方策とが初めて示された。

最後の文部大臣となった町村信孝は、三本の答申を受け取った国語審議会最終の総会で、「皆様方が長い時間にわたり多大なエネルギーを投入していただきましたことに心から感謝、御礼を申し上げ」ると挨拶し、清水司会長は、最後の答申に立ち会うことができたことを「光栄の至りと思っている。」と述べた。

昭和九（一九三四）年一二月の発足以来、六六年にわたり数々の実績を残してきた国語審議会の終局であった。

注

1　「敬意表現」という語は、「敬意を表す表現」の意で従来も使われていた。今回、国語審議会としての定義をこの語に与えたことになる。このことについては、野村敏夫「「敬意表現」の沿革と概念規定」（『月刊国語教育研究』№三八二　二〇〇四・二、日本国語教育学会）を参照されたい。

2　昭和五二年八月の総理府による「国語に関する世論調査」で、ふだん文字を書く時、どちらを書くことが多いかという問いに対して、「ひのき」は「檜」が三五・五％、「桧」が五五・三％、「かご」は「籠」が五二・四％、「篭」が三六・七％であった。

3　文化庁の「国語に関する世論調査」（平成七年四月）で、全体ではワープロやパソコンを使って文書を作成したことが「ある」人が四割、「ない」人が六割だったが、男性の二〇代〜三〇代、女性の一六歳〜二〇代では「ある」人が六割を超えていた。

4　例えば、この答申と同時期に発行された『imidas 2001』（集英社）の「政治理論」の冒頭コラム（河合秀和執筆）は、「国際化という言葉に代わってグローバリゼーション（地球化）という言葉がますます広く用いられるようになった。／過去一〇年の変化は、国際化――国家間の関係という枠をはるかに突破して進んでいるからである。」と述べている。第二〇期報告（一九九五年）と第二二期答申（二〇〇〇年）は、この時代の流れの中に位置している。

5　「日本人名はなぜ逆転紹介されるのか」（『週刊新潮』一九九五・七・二七）

第六章　国語政策の現在、そして未来へ

一　文化政策の中の国語政策へ

1　文化審議会の発足と、「文化の基盤」としての国語

平成一三（二〇〇一）年一月六日、文部省は科学技術庁と共に文部科学省に再編され、改めて文部科学省の外局となった文化庁に、文化審議会が設置された。文化審議会は、従来文化庁に置かれていた四つの審議会の機能を整理・統合した審議会で、国語分科会、著作権分科会、文化財分科会、文化功労者選考分科会の四分科会を伴う。初代会長には、二〇名の委員から美術評論家の高階《たかしな》秀爾《しゅうじ》が互選され、国語学者で筑波大学長の北原保雄が副会長に指名された。国語分科会の所掌事務は、「国語の改善及びその普及に関する事項を調査審議すること」であり、旧国語審議会の活動のフィールドはここに受け継がれた。

以上の新しい枠組みの中で、国語政策は文化政策の一部門として言及されることが多くなってゆく。

同年四月一六日、町村信孝初代文部科学大臣から文化審議会に、「文化を大切にする社会の構築について」の諮問があり、同審議会は一年の審議の後、平成一四年四月二四日、遠山敦子文部科学大臣に「文化を大切にする社会の構築について〜一人一人が心豊かに生きる社会を目指して」を答申した。同答申は、今後の社会における文化の機能や役割、文化の振興、創造、発信など、文化を大切にする社会の構築について総合的に述べたものであるが、その一節に「国語の重視」を立て、文化の基盤としての国語の重要性を指摘し、国語教育の充実や教員の国語力向上、方言の尊重、マスコミへの期待などについて言及している。

法律の領域では、平成一三年一二月七日、文化芸術振興基本法が公布され、その第一八条に、「国は、国語が文化芸術の基盤をなすことにかんがみ、国語について正しい理解を深めるため、国語教育の充実、国語に関する調査研究及び知識の普及その他の必要な施策を講ずるものとする。」と規定された。

同法の内容を受け、遠山文科相は平成一四年六月五日、文化審議会に「文化芸術の振興に関する基本的な方針について」の諮問を行い、これに対する同審議会答申（同年一二月五日）は、「文化芸術の振興に関する基本的な方針」として閣議決定された（同月一〇日）。

この「基本的な方針」は、「文化芸術の振興における国の役割等」の中で、「重視すべき方向」の一つとして「国語」を取り上げている。そこでは、国語は国の文化の基盤を成し、文化そのものでもあり、文化の継承と創造に欠くことができないとの認識が示され、国民の国語力育成のための環境整備や、学校教育での国語力向上の取組みの必要性などが指摘されている。また、「文化芸術の振興に関する基本的施策」の中に「国語の正しい理解」の項目が置かれ、国語力向上施策の推進や、公用文書等の分かりやすい表現の工夫、国立国語研究所や大学等における調査研究の充実などに取り組むとされている。

これら二一世紀初頭における文化振興の基本政策が、文化の基盤としての国語重視を打ち出す中で、平成一四年二月二〇日には、遠山文科相から文化審議会に、「これからの時代に求められる国語力について」の諮問があり、平成一六年二月に答申が行われた。これについては次節で詳述するが、その審議の半ばの時点で決定された右の「基本的な方針」は、国語に関しては、国語分科会の審議とタイアップした内容であったと言える。

平成一七年七月には文字・活字文化振興法が公布・施行された。同法は、すべての国民が文字・活字文化の恵沢を享受できる環境の整備や、学校教育で「言語力」涵養に十分配慮すべきことなどを謳っている。

2　文化庁、新たな事業を開始

二一世紀に入り、新生文化庁も新たな事業を独自に展開した。

一つは、「美しい日本語について語る会」の活動と、その成果としての書籍刊行である。当時の文化庁長官佐々木正峰《まさみね》は、言葉を大切にする運動を国民的なものとしたいという願いを持ち、平成一三年三月にこの私的懇談会を発足させた。メンバーは国文学者の中西進（帝塚山学院長）を座長とする八名で、（注1）一年間の討議の末、「言葉をいつくしむ」「明快で簡潔に表現する」「国際語としての自覚を持つ」などの「美しい日本語のための10のすすめ」と、現代文や古典の名文を含む「「美しい日本語」の世界」から成る書籍『美しい日本語のすすめ』をまとめ、平成一四年五月に刊行した。

今一つの事業は、「「言葉」について考える―親と子のためのワークショップ」である。平成一三年九月の野村与十郎（後の九世野村万蔵）による狂言「附子《ぶす》」の実演体験ワークショップ（国立能楽堂）を皮切りに、第一線で活躍中の俳優、朗読家、演出家、脚本家、詩人、歌人、俳人などの指導による体験事業が、地元自治体との共催により、毎年全国各地で行われることとなった（平成一五年度からは、「「言葉」について考える体験事業」と改称して継続）。安永蕗子《ふきこ》（歌人）、永井愛（脚本家）、黛まどか（俳人）といった著名人が、一三年度中に講師を務めている。

文化庁が一般市民対象の体験啓発事業に進出したのは画期的なことと言える。従来、表記その他の国語問題に関する基準、理念、考え方を打ち出すといったマクロ的な施策を内容とし、その普及のための施策説明会開催、冊子刊行、指導的な人々を対象とする研究協議会開催などの範囲で行われてきた国語施策が、二、三〇人から数十人規模のワークショップを通じて個々の国民の国語能力を高めるという、ミクロ的領域・手法にも「拡張」したのである。

このほか、平成一四（二〇〇二）年が、国語に関する最初の調査機関である国語調査委員会が文部省に設置されて一〇〇年目にあたることから、『国語施策百年史』を刊行することを決め、平成一三年度に編集を開始し、一七年三月付けで刊行した。また、国語施策に関する種々の資料をデータベース化して文化庁のホームページで公開する「国語施策情報システム」の構築を平成一三年度から行い、平成一四年五月に運用を開始した。

二　「これからの時代に求められる国語力」の提言

1　文部科学大臣の諮問とその背景

平成一四（二〇〇二）年二月二〇日、遠山敦子文部科学大臣から文化審議会に、「これからの時代に求められる国語力について」の諮問が行われた。文科相の「諮問理由説明」は、去る一月二四日に報告された文化審議会の中間まとめ「文化を大切にする社会の構築について」が、「文化の基盤として国語を重視すべきこと」について提言したのを踏まえ、この諮問を行うとしている。

前節でも触れたように、この諮問は、基盤としての国語を重視する文化政策の流れの中に位置づけることができるが、次に述べるような事柄を頭に置いておくことも、諮問の事情や答申内容の理解に有効である。

まず、この諮問の一か月余り後の新年度に、小中学校では新学習指導要領（平成一〇年文部省告示）の実施を控えていたが、「ゆとり教育」を掲げる同指導要領は、児童生徒の学力低下が社会問題となる中で、実施前から批判の矢面に立たされていた。一四年一月一七日には遠山文科相が、学習指導要領の内容を超えた発展的な学習や、補習や宿題を奨励する「確かな学力の向上のための二〇〇二アピール「学びのすすめ」」を発表している。また、かねて問題とされてきた子供の読書離れ、活字離れへの対策に文科省は力を入れており、国会でも「子どもの読書活動の推進に関する法律」（平成一三年一二月一二日）が制定された。小中学校などではいわゆる「朝読書」の広がりがあった。民間では、数年来、新聞の記事や投書に、若者を中心とする活字離れや国語力低下を嘆く声がしばしば表れる一方、齋藤孝著『声に出して読みたい日本語』（平成一三年九月刊）など日本語関係書籍のベストセラーが続出し、〝日本語ブーム〟や、朗読・暗唱に対する社会的関心の高まりが見られた。また、音読や計算が脳の活性化につながるという研究成果が知られるようになっていた。

二一世紀初頭の文化・国語政策に関連する事項を左にまとめておく（行頭の数字は「平成年（西暦年）・月」）。

13（01）・12　文化芸術振興基本法公布・施行
　　子どもの読書活動の推進に関する法律公布・施行
14（02）・1　文部科学大臣、「学びのすすめ」を発表

14（02）・2　文部科学大臣諮問「これからの時代に求められる国語力について」
14（02）・4　小中学校で新学習指導要領実施
　　　　　　文化審議会答申「文化を大切にする社会の構築について」
14（02）・8　閣議決定「子どもの読書活動推進に関する基本的な計画」
14（02）・12　文化審議会答申、閣議決定「文化芸術の振興に関する基本的な方針」
16（04）・2　文化審議会答申「これからの時代に求められる国語力について」
17（05）・7　文字・活字文化振興法公布・施行
18（06）・2　中央教育審議会初等中等教育分科会教育課程部会審議経過報告（国語力重視）

2　審議の経過と答申

文科相の諮問を受けた文化審議会では、北原保雄（筑波大学長）を分科会長とする国語分科会（臨時委員を含めて二五名、のち二七名）がこの問題に取り組んだ。そのメンバーには、かねてから国語の重要性を訴え続けてきた数学者の藤原正彦（お茶の水女子大学教授）や、前出の齋藤孝（明治大学助教授、途中から教授）、脳科学研究の川島隆太（東北大学教授）も含まれていた。分科会は、当初は有識者からの意見聴取や委員へのアンケートを織り込みつつ審議を進め、平成一五年一月には「審議経過の概要」を総会に報告した。翌一五年度には、分科会内に二つの小委員会——読書活動等小委員会（甲斐睦朗《むつろう》主査〈国立国語研究所長〉以下一一名）と国語教育等小委員会（水谷修主査〈名古屋外国語大学長〉以下一二名）――を設け、問題を絞って検討を行った。一五年一一月には分科会報告案を取りまとめて公表し、各方面の意見を聞いた上で修正を加え、総会の決定を経て、平成一六（二〇〇四）年二月三日、河村建夫《たけお》文科相に答申した。

3　文化審議会答申「これからの時代に求められる国語力について」の内容

答申は、「Ⅰ これからの時代に求められる国語力について」、「Ⅱ これからの時代に求められる国語力を身に付けるための方策について」の二章から成り、前半で国語力像を描き、後半でその獲得方策を打ち出すという構成をとっている。

前半（Ⅰ）ではまず、国語が、個人の知的活動や感性・情緒およびコミュニケーションの基盤、また文化や社会の基盤としての役割と重要性とを持っていることを述べる。そして、特にこれからの時代において、多様で円滑なコミュニケーションの実現や論理的思考力獲得、自己確立などのために、国語力がひときわ重要であることを指摘する。

個人の知的活動に関しては、大局的な判断には理性や論理だけでなく、広く深い教養が必要であるとし、美的感性や豊かな情緒は「我が国の先人たちが築き上げてきた詩歌等の文学を読むことなどによって」培うことができると述べている。

感性・情緒に関しては、更に、「近年の日本社会に見られる人心などの荒廃が、人間として持つべき感性・情緒を理解する力、すなわち、情緒力の欠如に起因する部分が大きいと考えられることも問題である。」と指摘し、国語教育の大きな目標は、「情緒力を確実に育成し、それによって確かな教養や大局観を培うことにある。」と主張している。(注2)

①　考える力、感じる力、想像する力、表す力から成る、言語を中心とした情報を処理・操作する領域

②　考える力や、表す力などを支え、その基盤となる「国語の知識」や「教養・価値観・感性等」の領域

図17　これからの時代に求められる国語力の構造

「これからの時代に求められる国語力の構造」は、図17のように模式的に示されている。①が国語力の中核であり、②はその基盤である。両者は相互に影響し合いながら、各人の国語力を構成しているとされる。

後半（Ⅱ）は、審議会が国語力向上に「最も有効な手段」と考えた「国語教育」と「読書活動」について、その具体的な在り方を提言したものである。まずは国語教育を社会全体の課題として捉えることの必要性を指摘し、脳科学の知見に基づく発達段階に応じた国語教育などを提唱している。

学校の国語科教育については、「情緒力」「論理的思考力」「思考そのものを支えていく語彙力」の育成重視を提言している。小学校段階では「読む」「書く」の指導に重点を置くべきことを述べ、六年生までに常用漢字の大体が読めるように、漢字学習の在り方を検討するよう促している。(注3)また、音読・暗唱と古典の重視も提案している。

読書活動については、学校図書館の整備や読書指導の充実、学校と家庭や関

係団体との連携などを提言し、答申全体として「自ら本に手を伸ばす子供を育てる」ことを目指している。

4　文化審議会答申と学校教育

以上に見てきたように、この答申の内容は、教養、情緒、文学、読み書き、語彙などを重視する基盤形成型の指向を持つものである。これは、「伝え合う力」や音声言語能力の育成に力を入れ、文学偏重を強く排した平成一四年四月実施の学習指導要領とは異なる方向を指している。

この答申は、国語政策の審議機関が文化政策の審議会に組み込まれてから、初めて国語教育について取りまとめた成果である。かつて国語審議会が昭和四七年に行った建議「国語の教育の振興について」以来の、国語政策側からの国語教育に関する本格的な提案であり、同建議に比して、ずっと規模も大きく具体的な事柄に及んだものである。しかも、文部科学大臣の諮問に答えたのである。そして、教育課程に一石を投じる内容を持つものであったことから、国語教育界からも注目を集めた。(注4)

答申を受け、次に行政としてどう実行するかという段取りになる。しかし、提案実行の中心部分を担うはずの学校教育に関しては、我が国の行政システム上、文化政策の側は言うだけのことを言って、あとは教育政策サイド（文部科学省初等中等教育局や中央教育審議会）に下駄を預ける形にせ

ざるを得ない。(注5)

本答申の提案内容が教育課程改訂にどう関わるかが注目されるが、例えば、平成一八年二月に発表された、中教審の初等中等教育分科会教育課程部会の審議経過報告は、次期学習指導要領策定に向け、国語力を重視する姿勢を示し、言葉が「知的活動、感性・情緒、コミュニケーションの基盤となる。」などの文言に（出典は示さずに）本答申を生かしている。一方、漢字学習については、「義務教育修了段階までに常用漢字の大体が読め、そのうち一〇〇〇字程度の漢字が書ける」という具体的指標設定を例示しており、これは答申には従わず現行と同水準としたものである。同報告は、ＯＥＣＤの学習到達度調査（ＰＩＳＡ調査）、内閣府人間力戦略研究会の報告書など、各種資料を参照しており、文化審議会答申も一つの材料とされたのである。

今後の日本社会と世界とにおいて、言葉の力が一層必要になり、一人一人にその力が問われていくと思われる。その意味で、これからの時代、人間および国家社会の存立や活動の基盤である「国語」と、国家百年の計に重きをなす「国語教育」に係る基本政策について、両者の所轄部署を通じた一元的な検討が、より積極的に行われていくべきであろう。

さて、文化庁では平成一六年三月二六日に国語施策懇談会を開催し、一般市民を対象に本答申の説明を行った。その会場で、聴衆の一人であった小笠原林樹《りんじゅ》・元文部省主任教科書調査官（外国語）は、この答申について「モノリンガルなグループが作ったんじゃないかと思われる部分」があると指摘し、文化としての日本語の継承は重要だが、「日本語をもう少し批判的に見てほしい」、「日本の国語教育なり、生涯学習の国語、日本語の勉強でも、自分が知っている外国語と常に頭の中で比較して、より良い性能の表現力のある日本語にするという努力が必要ですが、そういう点がこの国語力の中にはほとんど見当たりません。」と述べた。

顧みて、二〇世紀末の国語審議会は、答申「国際社会に対応する日本語の在り方」で「国際化に対応する日本人の言語能力の伸張」を提起し、「現代社会における敬意表現」でも〝日本人が使う敬意表現〟の枠を超えようとする志向性を示していた。そこには、他言語・他文化を視野に入れて、自言語・自文化を批判的に検討しつつ鍛えていこうとする姿勢が明確に表れていたのである。

二一世紀の国語教育政策は、世界の人々と協調・協同できる力とともに、グローバリズムの画一性に呑み込まれることのない、強靭でしなやかな思考力・表現力・対話力と、独自性・独創性のある価値観を育むことのできる内容を備えるべきだと考える。それには、自文化の内を掘り下げることと、他に向かって開いた目を持つことの両方が必要である。――「これからの世界における言語や文化のあるべき姿を求め、世界の中で日本語を生かしていくことが世界の言語や文化のあるべき姿と調和し、人類の繁栄と幸福にも資するような在り方を追求する」とは、「国際社会に対応する日本語の在り方」を審議した国語審議会の基本姿勢であった。二一世紀の国語政策、国語教育政策は、二〇世紀の遺産を大切にしつつ、更に進んだ展望を開き、新時代の歩みを進めてほしいものである。

三　表記・語彙政策の今日的動向

1　漢字使用拡大の潮流と常用漢字表の再検討

(1)　表外漢字字体表作成当時の、国語政策当事者の意識

昭和戦後に改革が行われ、平成三（一九九一）年に改革の見直しが完了した国語表記であったが、常用漢字表外の漢字字体表作成が必要となったように、文字表記に対する社会的要請のエネルギーは常に動いている。二一世紀に入り、それは漢字政策を〝次の時代〟に推し進める力を持つまでに増大した。

平成一二（二〇〇〇）年の国語審議会答申「表外漢字字体表」は、初めて常用漢字（および人名用漢字）の外に踏み出した表記施策であった。しかし、それは漢字使用の目安としての常用漢字表の

存在を前提とし、字体表の「前文」は常用漢字表の意義を強調していた。「表外漢字字体表」作成に際し資料とされた凸版印刷による漢字出現頻度数調査（平成九年、同一二年）では、調査資料に出現した延べ漢字数のおよそ九六パーセントが常用漢字であり、人名用漢字を合わせると九七パーセント強を占めた。世の中で使用される漢字の大半は常用漢字だと言ってもよさそうであった。むろん、漢字使用状況の変化によって表外漢字字体表作成が必要となったわけではあるが、文化庁および国語審議会は、この時点では、当面、現行の常用漢字表を要とする漢字政策の枠組みで踏ん張れるという認識を持っていたのである。しかし、現実の「一般の社会生活」における漢字使用は更に変化を見せる。

(2) 新聞における表外漢字の使用拡大

一つは報道の世界である。先鞭をつけたのは毎日新聞で、「表外漢字字体表」答申を一年半さかのぼる平成一一年五月一日から、「誰、謎、嵐」など三七の表外字を、当面は読み仮名付きで紙面に使用することに踏み切っていた。このことを報じた五月一一日の同紙は、次のように述べている。

最近のワープロ、パソコンの急速な普及などで文書や出版物に表外字が多用され、表外字の一部は多くの国民に身近なものになった。新聞各社には「こんな字を仮名で書くと、かえって分かりにくい」といった意見が寄せられるようになった。「常用漢字表」が古くなったのだ。

「表外漢字字体表」答申から半年後の平成一三年六月には、新聞・通信・放送各社が加盟する日本新聞協会が、常用漢字表にない漢字三九字（闇、鍋、牙など）と、常用漢字表で認めていない読み九字（証《あか》す、粋《いき》など）、特定の語に限って読みを付けないで使える二三語（一揆、旺盛など）、読みを付けて使う一六語（迂回、冤罪など）の使用承認を決定し、各社は翌一四年にかけ、独自の基準も加味して紙面に採用した（例えば、毎日は一三年一一月一日から、読売は一四年二月一日から、朝日は同四月一日から）。「目安」の大きな箍《たが》が一つ緩んだのだが、この動きに対し、文化庁国語課の氏原基余司《きよし》国語調査官は次のように述べ、常用漢字表を見直す予定は当面ないとの見解を示している（平成一三年一一月二四日、朝日新聞）。

常用漢字表は「目安」なので、その趣旨を生かして、それぞれの分野で適宜必要な改善を加えていくのは当然のことだと思う。しかし、常用漢字表が一般の社会生活における漢字使用の基本であるという精神は大切にしていきたい。

ところが、程なくして起こる人名用漢字の大きな動きが、文化庁の重い腰を上げさせることになる。

(3) 人名用漢字の大幅な追加

人名用漢字は、昭和二六（一九五一）年に国語審議会の建議に基づき、九二字が内閣告示として掲げられて以来、昭和五一年に二八字、同五六年に五四字、平成二年に一一八字、同九年に一字が追加され、その時点で二八五字となっていた（常用漢字表に入った八字は差し引く）。昭和五一年は内閣告示「人名用漢字追加表」であり、昭和五六年以降は戸籍法施行規則の別表としての改定である。

二一世紀に入って、この人名用漢字に大きな動きがあった。平成一五（二〇〇三）年一月、森山眞弓法相が当時の二八五字を一千字程度に増やす方針を発表、翌一六年二月に野沢太三《だいぞう》法相の諮問を受けた法制審議会の人名用漢字部会が、六月一一日に五七八字の追加案をまとめ、公表した。ところが、同案は漢字の使用頻度などを基準に選んだため、名前にふさわしくない漢字も含んでおり、多くの批判を呼んだ。その後、一般国民からの意見を取り入れて、「糞、癌、娼、屍」など不評な漢字を削除し、九月八日の答申は四八八字追加を結論とした。同時に、従来は「許容字体」とされてきた常用漢字・人名用漢字の異体字二〇五字も人名用漢字に〝格上げ〟され、別に同年二月から七月までに追加されていた五字も加えて、人名用漢字は一挙に九八三字へと大幅に増加したのである。

(4) 常用漢字表、見直しへ

この時の人名用漢字に関する議論は、文化政策としての漢字政策を問い直し、常用漢字表を見直すべきだとする議論をも呼び込んだ。「戸籍法に言う人名用漢字の「常用平易」とは何か、「糞」や

「癌」は〝常用平易〟か。常用漢字表との関係は？」、「常用、人名とも国語政策として両者一貫して扱うべきでは？」等々……。平成一六年九月二七日の朝日新聞は、「人名用漢字騒ぎが、パンドラの箱を開けてしまった。」という文化庁関係者のコメントを伝えている。

平成一六年中、文化審議会の国語分科会は、今後、同分科会でどのような課題に取り組むべきかを検討していたが、平成一七（二〇〇五）年二月二日、「敬語に関する具体的な指針作成」と「情報化時代に対応する漢字政策の在り方」を今後の課題として掲げる報告をまとめた。これを受け、中山成彬《なりあき》文部科学大臣は同年三月三〇日、文化審議会に右の二事項を諮問し、常用漢字表は四半世紀ぶりに見直しの組上に載せられることとなった。諮問の文言にあるように、「情報化」の進展した社会、情報機器の使用が一般化した社会での言語生活というコンセプトで、次代の漢字政策は追求されることになる。しかし、分科会報告は、「総合的な漢字政策の構築」という言葉で、人名用漢字も視野に入れた課題意識を明確に示している。また、同報告は併せて「漢字を手書きすることの重要性」を指摘しているが、情報機器の普及による書記方法の変化に伴い、私たちが、以前に比べて極端に「書かない」生活を送っている今日においてますます、人間にとっての「書くこと」の意味づけを確立しておくことは、文化・教育政策の責任ある当事者において、大切なことであると言えよう。

諮問に即して、付け加えて確認しておくならば、平成一二（二〇〇〇）年に「敬意表現」で視野を広げた敬語問題については、その時に欠けていた――むしろ避けて通っていた――「具体的な指針」

作りへと動き始めることになったのである。

2　国立国語研究所の外来語言い換え提案

ここで視野を転じて、もう一つの具体的な政策の動きを捉えておくことにしよう。それは、止め処なく新語が出現し続ける外来語・外国語への対処の問題である。

平成一二年一二月の国語審議会答申「国際社会に対応する日本語の在り方」は、国際化に伴い日本語の中で使用が増大している外来語・外国語について、官公庁や報道機関を対象とする指針を示していた。そこでは、個々の語の周知度や難度による取扱いの区分が提言され、語例を挙げて、言い換えや注釈を付すなどの取扱い例が示された。そして、各機関等に対しては、それぞれの扱う語や対象とする人などに応じ、各時点で扱い方を判断するよう求めていた。

公的な文書等における、いわゆるカタカナ語については、官公庁でもかねて問題意識を持っており、平成一二年の一月にも、「国民にわかりやすい適切な用語の使用について」と題する通知が官房副長官名で各省庁に発せられ、「一般に通用していない外国語や造語（横文字等）の使用」を戒めていた。住民の生活に密接な広報紙などを発行する都道府県などの自治体においては、文書作成基準の中に、独自に外来語の使用基準を掲げ、注釈や言い換えを示しているところもあったが、基準だけ示したり、数語の例示にとどめたり、基準がなかったりするところもあった。新聞等には、分からない外来語が多いことを訴える投書が、高齢者を中心に、しばしば寄せられていた。

このような現状の中で、右の答申の趣旨を、より実効あるものとするには、言い換えや説明付与をすべき語を調査によって選定し、言い換えや説明の例を作成・公表して広く検討に供することが有効だと考えられる。国立国語研究所は平成一四年八月、所員と外部有識者による二〇名の「「外来語」委員会」(委員長は甲斐睦朗国立国語研究所長)を発足させて、この課題に取り組んだ。

ちなみに、時の首相小泉純一郎は、厚生大臣在任中の平成九年、「ドナー」を「臓器(腎臓、骨髄)提供者」、「レシピエント」を「移植希望者」と言い換えるなど、同省使用のカタカナ語を見直させた経験を持っていた。今回、国語研究所が委員会を作るという報告を首相が受けた平成一四年六月二五日、日本経済新聞夕刊は、「外来語の多用については小泉純一郎首相も不快感を示し、文化庁などに対応を求めていた。この日の閣議で報告を受けた同首相は「おおいにやってくれ」とハッパをかけたという。」と報じている。

委員会では、一般国民を対象とする国立国語研究所の外来語意識調査のデータなどを資料として検討を行い、「分かりにくい外来語を分かりやすくするための言葉遣いの工夫」という副題を付けて、平成一五年四月から平成一八年三月まで計四回にわたり、「「外来語」言い換え提案」の発表を行った(表6)。言い換え対象となった外来語は、合わせて一七六語である。

これらの中で、例えば第一回に入っていた「納得診療」(「インフォームド・コンセント」の言い換え)は、既に多数の医療機関で採用されていることが、医療機関のホームページなどで確認できる。

外　来　語	言い換え語
アイデンティティー	独自性、自己認識
アジェンダ	検討課題
アミューズメント	娯楽
インフォームド・コンセント	納得診療、説明と同意
インフラ	社会基盤
オーガナイザー	まとめ役
オンデマンド	注文対応
キャピタルゲイン	資産益
グランドデザイン	全体構想
コラボレーション	共同制作
シミュレーション	模擬実験
スクリーニング	ふるい分け
ステレオタイプ	紋切り型
セーフティーネット	安全網
ソリューション	問題解決
デジタルデバイド	情報格差
デリバリー	配達
ノーマライゼーション	等生化、等しく生きる社会の実現
バイオマス	生命由来資源
ポテンシャル	潜在能力
ユニバーサルデザイン	万人向け設計
ライフライン	生活線
リードタイム	事前所要時間
リテラシー	読み書き能力、活用能力
リリース	発表

表6　国立国語研究所「「外来語」言い換え提案」の例

第二回提案にあった「安全網」は、新聞紙上で「セーフティーネット」と併用されている例が見られる。一連の言い換えは、自治体や一般社会で参考にされ、かつて「説明責任」が「アカウンタビリティー」に取って代わったように、多くの人や機関に受け入れられた言い換え語が選択的に定着していくものと思われる。

四　日本語の舵取り——その課題と展望

1　現代社会と国語政策の課題

人名用漢字の追加は、我が子の命名に際し、漢字を思いどおりに使いたいという直接的な国民の要求が基になっている。これをきっかけとして行われることになった常用漢字表の見直しは、より大きな流れから見れば、情報機器の普及による表外漢字使用の容易化と、それによる現実の漢字使用状況の変化に対応するものである。これを包んで、二〇世紀の第四四半《しはん》期から続く、価値観の多様化や規制緩和の空気が、個人の自由な漢字使用を促し、そのインフラ整備要求の後押しをしていよう。また、言葉の面白さや奥行き、自国文化の魅力を知り、楽しもうとする、二〇〇〇年前後からの〝日本語ブーム〟も、常用漢字や人名用漢字の増加を肯定的に捉える国民的意識を醸成しているであろう。

外来語の言い換えの方は、国民の間で外来語の多用とそれに伴う問題点が顕在化する中で、問題解決の一案を示したものである。外来語使用の規制ではなく、和語・漢語の造語により、社会的に必要とされる新概念等を表す日本語について、国民的通用性を確保しようとする試みである。

このように、国語政策は、社会や国民の当面のニーズに応えて問題を解決しつつ、長期的な社会変化に応じて国民の言語生活の基盤を整えていかなければならない。そして、「これからの時代に求められる国語力について」で取り組んだように、国民に必要な言語能力を見定め、その育成方策についても立案、実行していかなければならない。これらは、すべて有機的につながっており、国語政策はその総合的な展望のもとに行われる必要がある。

特に近年では、二〇〇三年のOECDによる学習到達度の国際調査（PISA）で、日本の生徒の「読解力低下」が話題となったように、世界共通に今後必要とされる知識・技能も、政策立案のファクターとして現実的な存在感を増してきた。「日本語」について考える場合にも、使用言語にかかわらず共通に必要な、認識・思考・表現・コミュニケーション等の言語に関わる能力について押さえておかなければならない。

かつ、世界の中で日本語や日本の言語文化が果たすべき役割を明らかにし、発信していく必要がある。これは、日本にとっての世界戦略であるとともに、世界人類の福祉構想でもある。その場合は、「国語政策」よりも「日本語政策」と呼ぶ方がふさわしいであろう。そしてそれは、世界の諸言語の価値・役割の存在、共存を前提とした、「言語政策」の視野で行われるべきであり、トータルには、人類全体にとっての〝文明政策〟を考えることになる。

このようなトータルな視野に立った時に、かねて国語国字論争で問題とされてきた現代日本語と伝統とのつながりを、現実にどう形にしていくべきなのか。少なくとも、これを国民的に議論できるだけの社会的素養を担保していくことは政策の責任であろう。

2　戦後国語政策史の時代区分

本書の記述を終えるにあたり、これまでに述べて来た、昭和戦後から二一世紀初頭にかけての国語政策の展開を、大きく整理しておくことにしよう。

◆第Ⅰ期〔民主化思想による国語改革期〕

まずは、戦後すぐに始まった標準漢字表の再検討から、当用漢字表、現代かなづかい等の表記基準制定、続いて、国語の平易化・標準化の方向での諸施策実施と、改革推進への賛否による論争、そして、次代への橋渡しの議論が繰り返された第七期国語審議会まで、すなわち昭和二〇（一九四五）年から四一（一九六六）年までの約二〇年を第Ⅰ期とする。

この期は、明治以来繰り返されてきた国語改良への提案が、初めて内閣告示という形をとって実行された時期であるが、時代の空気に沿って表現すれば、「民主化思想による国語改革期」ということになろう。この期には、民主国家、文化国家建設の国是のもと、誰もが読み書きできる日本語が目指され、一般の表記のほか、法令・公用文の用語・表記、敬語、話し言葉などにおける平明化と標準化・単一化が図られた。固有名詞である地名・人名についても、社会的通用を優先して名付けに制約を加える方向が採られた。この期の終わりの数年間は、以上の路線が問い直された。

この期を三つに下位区分して名付けるなら、a 新表記体系構築期、b 民主社会の言語生活基盤整備期、c 改革の反省・再検討期、のように表現できよう。aは終戦から国語審議会改組(昭和二四年)までである。bは改組後、送りがなのつけ方の内閣告示(昭和三四年)まで、cはそれ以降と、一応は区切っておくが、昭和三〇年代には国語施策関係者において大きな考え方の違いや対立があったことは、既に見てきたとおりである。

この第I期を時代の大状況に照らしてみると、敗戦から東京オリンピックに至る日本の復興期、高度経済成長期と重なる。後に「護送船団方式」と称される官主導の産業政策の時代に、国語政策では、新かな・新漢字の官民一体となった実施により、国語表記の近代化が推進されたのである。その強力なエネルギーが、ある立場からは、文化破壊、伝統喪失につながったと評されるのも、他の時代状況とパラレルである。

◆第Ⅱ期〈現代表記の再構築期〉

次に、文部大臣諮問「国語施策の改善の具体策について」に基づき、改定音訓表・送り仮名の付け方から外来語の表記まで、一連の目安・よりどころとしての表記基準を整備していく昭和四一（一九六六）年から平成三（一九九一）年までの四半世紀を第Ⅱ期とする。

第Ⅱ期は「現代表記の再構築期」である。前期に実施された現代表記は、旧表記に戻ることなく、外来語の表記を正式に加え、漢字の字種を五パーセント程度増やすなどの調整が施され、性格を目安・よりどころと改められて定着した。

この期の政策の前提は、前期における日本の復興と発展にある。戦後二〇年の間に人々は豊かになり、オリンピック後には国民の半数が自分を中流と意識するようになった（昭和四一年度『国民生活白書』）。昭和二五（一九五〇）年に四割強だった高校への進学率は、同四五（一九七〇）年には八割を超えた〈図18〉。国語表記に対する国民の潜在能力は上がり、社会の意識も変わった。この基盤の上に、制限的表記の考え方は見直され、目安・よりどころの表記が実施された。これは、物流・金融・資格制度等の多分野で「規制緩和」が進む社会全般の動きや空気とも並行していた。「民間活力の導入」で、専売公社と電電公社がＪＴとＮＴＴに変わったのは中曽根政権の昭和六〇（一九八五）年、国鉄がＪＲとなったのは昭和六二（一九八七）年である。

もう一つ、別の社会的な出来事を引き合いに出して言うならば、公害対策基本法（昭和四二〈一九六七〉年）が制定されるなど、高度成長の矛盾を国家が受け止めるようになり、「モーレツからビューティフルへ」のコマーシャル（昭和四五〈一九七〇〉年）がはやる頃、制限的表記見直しの審議が行われていた。一元的な近代化への疑いが人々に意識され始め、近代化後——ポストモダン——的な意識が人々の心の中に広がっていった。当用漢字改定音訓表、改定送り仮名の付け方が内閣告示となった昭和四八（一九七三）年には、「ユックリズム」（ゆっくり主義）が流行語となった。同年にはオイルショックが日本経済に大きなダメージを与え、人々の価値観にも揺さぶりをかけた。

　このような時代の流れの中で行われた、送り仮名（本則・許容）や外来語の表記（第1表・第2表など）に見られるような、分野や個々人の選択による幅を認める方向への見直しは、表記の近代化への反省に立った「現代化」であったと言えるかもしれない。

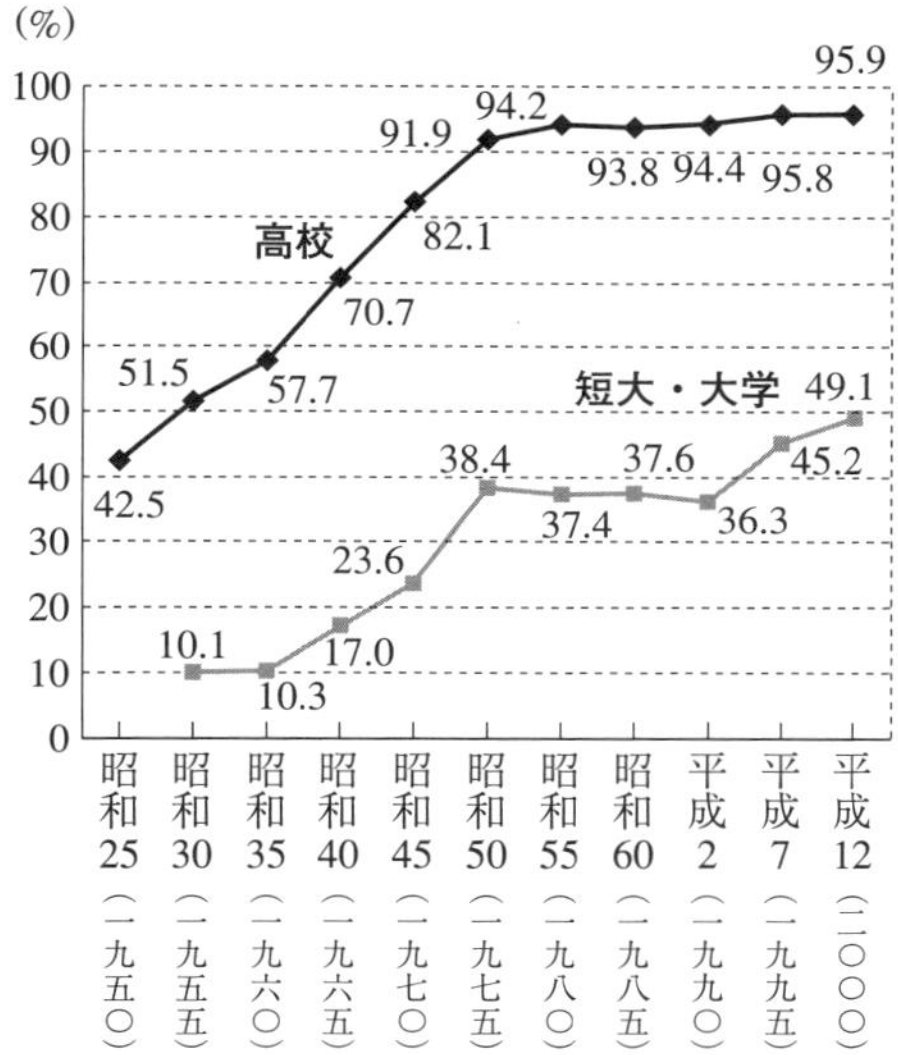

図18　高校、大学・短大への進学率
（文部科学省調べ）

　また、表記を扱っていた国語政策の表面には出てこないが、テレビ視聴が完全に一般化して共通語や各地の方言が双方向に行き交い、互いの耳に慣れ、方言と共通語のバイリンガルが次第に普通となり、日本語のバリエーションへの認知・なじみ・親しみが国民的に進んだのも、この時期の特徴である。

◆第Ⅲ期〈国際化・情報化社会への対応期〉

そして、平成三（一九九一）年発足の第一九期国語審議会以降を第Ⅲ期とし、現在〈平成一八〈二〇〇六〉年〉は、その途中にあると見る。この期の平成一二（二〇〇〇）年までは、国語審議会が「現代の国語をめぐる諸問題」を洗い出し、「新しい時代に応じた国語施策」を追求した時期である。その後、審議機関が文化審議会国語分科会に代わるという機構上の変化があったが、グローバリゼーションや情報化などの進む現代社会の状況に応じて表記や言葉遣いなどの施策を追求している点で、一続きのものとする。その上で、この期の平成一二年までをa、その後をbと下位区分しておく。敬語と漢字に関する平成一七年の文部科学大臣諮問は、平成一二年の答申「現代社会における敬意表現」の補完と、「表外漢字字体表」で開いた〝昭和五六年版「常用漢字表」後〟の表記体系作りへとつながるものである。

この第Ⅲ期には、表記を扱っていた前期の間に用意された、多様性・歴史性重視等のポストモダン的指向が、更に表立って多面的に表れるようになった。第Ⅰ期で否定・克服の対象だった方言は、完全に価値あるものと見なされている。グローバリゼーションへの対応と、地域的・土着的・個別的価値の評価は並行して進んでいるのである。

この期の前半a、すなわち「拡張の一〇年」に、国語の審議は多様に展開した。a期の帰結である平成一二年の三答申のうち、「国際社会に対応する日本語の在り方」は多言語尊重のもとでの「日本語の国際化」を打ち出し、「現代社会における敬意表現」はパロールを問題とした。「表外漢字字体表」は、字体の統一ではなく、個々の字体の使用状況やデザイン差を尊重した。

第Ⅲ期の結末を知ることはまだできないが、常用漢字表の〝八一年体制〟が、次のものに更新されるであろう。b期最初の答申「これからの時代に求められる国語力について」（二〇〇四年）の情緒・文化・伝統重視を、グローバリゼーションと民族主義が交錯する二一世紀の世界の中でどう解釈・評価していくか——今後の世界の動きを見つつ考えていきたいと思う。

3　これからの日本語のために ——政策実施の経験を知恵として

目を近現代の百年に広げれば、明治期に日本語整理・標準化に向かって出発した国語政策が、昭和の高度成長期を境に大きく折り返して、多様性尊重・伝統重視にシフトしている潮流が見えてくる。大正一二（一九二三）年に「常用漢字表」成立を支え、熱烈に支持した新聞界は、平成一三（二〇〇一）年、脱「常用漢字表」に動いた。平成一六年の人名用漢字大幅追加は、現代市民の使用要求による。

時代が変わり、社会が変わり、国民も変わる。人名用漢字追加への要求は、時代と人々の成熟による合理的帰結のように見える。

ここで、ある小学校の平成一七年度の児童名を見ると、大翔、法爾海、夢生凪といった名前が並んでいる（ひろと、のりうみ、むうな、と読む）。名前に込める思いと、平易さや通用性の問題を、もう一度考えてみたくなる。言葉一般に話を広げれば、文化や歴史や文法情報などを背負った言葉や文字や表記法と、「広場の言葉」としての表出、流通の問題である。国語政策の基本的な課題は、現実の使用実態の中で解決し終わることはないであろう。

法務省に、人名用に追加してほしいと要望された漢字に、「生臭い」意の「腥」があったという。当時の国立国語研究所長、甲斐睦朗は、「若い人は、夜空に輝く月と星、ロマンチックだと見るらしい。漢字を音や画数で選び自己流に解釈する。ショックでした。」とコメントした（平成一六年七月二〇日、朝日新聞）。文化庁の「国語に関する世論調査」（平成一七年一月）によれば、漢字について、「日本語の表記に欠くことのできない大切な文字である」とした人が七割（七〇・九％）で、「日本語の表記を難しくしている文字である。」（九・二％）という否定的な見方を遙かに上回っているが、「漢字の使い方については余り自信がない」とした人も四割（四一・三％）に上る（「かなり自信がある」は八・二％）。国語の豊かさは、人々が確かな力を持って、言葉を豊かに使いこなす状況の中に存在するであろう。文字使用の制限がなければ豊穣な言語生活が営まれるというような、単純なものではない。国語審議会の掲げた「平明、的確、美しく、豊か」という国語の理想像において、「平明、的確」と「美しく、豊か」は対立的にも見えるが、使用者の能力が高ければ、豊かさの中での選択が的確さを生み、平明さや美しさをコントロールすることもできるのである。

これからの日本語と、それを担う人々を、どう導いていくか。日本語の舵取りの課題は、大きく深く微妙で多岐にわたっている。日本語とそれに関わるすべての人々のために、的確な政策が営まれていかねばならない。そして、「近代化」「現代化」をくぐり抜けてきた日本語の将来を考えるにあたっては、戦後の国語改革から二一世紀に及ぶ政策的経験の至る所に、汲むべき知恵の泉が湧いているように思われるのである。

注

1 「語る会」のメンバーは中西のほか、五〇音順に、石川和男（静岡県浜松市立開成中学校校長）、奥田尚良（NHKエデュケーショナル　チーフディレクター）、小池保（NHK解説委員）、春風亭小朝（落語家）、野村与十郎（和泉流狂言師）、林美智子（オペラ歌手）、松岡和子（翻訳家・演劇評論家）であった。

2 答申は、「情緒力」について次のように解説している。ここには、文化審議会が「人間として持つべき感性・情緒」をどういうものと捉えているかが具体的に表れている。

情緒力とは、ここでは、例えば、他人の痛みを自分の痛みとして感じる心、美的感性、もののあわれ、懐かしさ、家族愛、郷土愛、日本の文化・伝統・自然を愛する祖国愛、名誉や恥といった社会的・文化的な価値にかかわる感性・情緒を自らのものとして受け止め、理解できる力である。（I—第2—1「国語力の向上を目指す理由」）

3 常用漢字表は一九四五字を掲げている。平成一四年度実施の教育課程では、小学校段階で「学年別漢字配当表」に掲げられた一〇〇六字を読むことまでの指導を求めているので、文化審議会はその倍近い漢字の読みを小学校で習得させることを提案したことになる。

4　例えば、日本国語教育学会と日本文学協会は、この答申をめぐって協議する公開研究会をそれぞれ開催している。

・日本国語教育学会研究部会主催公開研究会「文化審議会答申「これからの時代に求められる国語力について」（平成一六年二月三日）をめぐって」（平成一七年三月二六日）

・日本文学協会国語教育部会公開研究会「〈読み〉をめぐるシンポジウムⅢ―教育改革の動向と「これからの文学教育の地平」」（平成一七年五月二八日）

5　今次の文化審議会答申は、Ⅱの初め近くの部分で、「なお、学校教育における具体的な取扱い等については、文部科学省及び中央教育審議会で議論されることであろうが、審議会としては、諮問を受けた「これからの時代に求められる国語力」を身に付けるための「国語教育」及び「読書活動」の在り方について検討し、その面から、学校教育の基本的な方向性を提示したいと考えた。」と自らの位置づけを記している。

参考文献

《主な参考文献》

基本資料となるもの、および、市販の書籍で入手しやすいと思われるものを発行年順に掲げた。このほかの引用文献等については、本文および各章末の注を参照されたい。

平井昌夫『国語国字問題の歴史』一九四八、昭森社（復刻版一九九八、三元社）
文部省教科書局国語課『国語調査沿革資料』一九四九、文部省
保科孝一『国語問題五十年』一九四九、三養書房
読み書き能力調査委員会『日本人の読み書き能力』一九五一、東京大学出版部
文部省『国語審議会の記録』一九五二、文部省
文部省、文化庁『国語審議会報告書1～22』一九五二～二〇〇一、文部省、文化庁（7までが文部省、8以降が文化庁。1・2にあたるものは番号が付されていない。市販版は秀英出版、大蔵省印刷局等から発行）
文部省『教育漢字の学年配当—漢字学習指導実験調査報告—』一九五七、教育出版
福田恆存『私の国語教室』一九六〇、新潮社（文庫版二〇〇二、文芸春秋）
吉田澄夫、井之口有一編『明治以降　国字問題諸案集成』一九六二、風間書房
吉田澄夫、井之口有一編『明治以降　国語問題論集』一九六四、風間書房
西尾実、久松潜一監修『国語国字教育　史料総覧』一九六九、国語教育研究会
国語問題研究会監修『国語表記実務提要』一九六九初版、加除式、ぎょうせい
武藤辰男、渡辺武編『現代日本語の建設に苦労した人々』（新・日本語講座9）一九七五、汐文社
武部良明『日本語の表記』一九七九、角川書店

滑川道夫編『国語教育史資料　第三巻　運動・論争史』一九八一、東京法令出版
藤原宏『注解　常用漢字表』一九八一、ぎょうせい
井之口有一『明治以後の漢字政策』一九八二、日本学術振興会
丸谷才一編『国語改革を批判する』（日本語の世界16）一九八三、中央公論社
本堂寛、小森茂編『新しい漢字指導の計画と展開』一九九〇、明治図書
アジア経済研究所企画、松本脩作・大岩川嫩編『第三世界の姓名』一九九四、明石書店
鈴木孝夫『日本語は国際語になりうるか』一九九五、講談社
文化庁『国語に関する世論調査　報告書』一九九五～（各年一冊発行）、国立印刷局
イ・ヨンスク『「国語」という思想』一九九六、岩波書店
デイヴィッド・クリスタル（国弘正雄訳）『地球語としての英語』一九九八、みすず書房
デイヴィッド・グラッドル（山岸勝栄訳）『英語の未来』一九九九、研究社出版
新プロ「日本語」総括班、研究班1編『日本語観国際センサス　単純集計表（暫定速報版）』一九九九、新プロ「日本語」総括班、研究班1（国立国語研究所内）
文化庁監修『新しい文化立国をめざして─文化庁三〇年史─』一九九九、ぎょうせい
加藤秀俊監修『日本語の開国』二〇〇〇、TBSブリタニカ
『SCIENCE of HUMANITY BENSEI vol.31　特集「どのように「表外漢字字体表」は答申されたか」』二〇〇一・四、勉誠出版
『SCIENCE of HUMANITY BENSEI vol.32　特集「新世紀社会と敬意表現」』二〇〇一・五、勉誠出版
『SCIENCE of HUMANITY BENSEI vol.33　特集「国際社会に対応する日本語の在り方」』二〇〇一・六、勉誠出版
文化庁編『公用文の書き表し方の基準（資料集）　増補二版』二〇〇一、第一法規出版
美しい日本語について語る会編『美しい日本語のすすめ』二〇〇二、国立印刷局

倉島長正『国語百年—二〇世紀、日本語はどのような道を歩んできたか』二〇〇二、小学館
文化庁編『国語施策百年の歩み』二〇〇三、文化庁（非売品）
藤原正彦『祖国とは国語』二〇〇三、講談社
梅棹忠夫『日本語の将来—ローマ字表記で国際化を』二〇〇四、日本放送出版協会
加藤秀俊『なんのための日本語』二〇〇四、中央公論社
国立教育政策研究所編『生きるための知識と技能2—OECD生徒の学習到達度調査（PISA）二〇〇三年調査国際結果報告書』二〇〇四、ぎょうせい
土屋道雄『国語問題論争史』二〇〇五、玉川大学出版部
文化庁編『国語施策百年史』二〇〇五、ぎょうせい
山口仲美『日本語の歴史』二〇〇六、岩波書店

《主な参考サイト》

文化庁「国語施策情報システム」http://www.bunka.go.jp/kokugo/
文化庁ホームページ　http://www.bunka.go.jp
文部科学省ホームページ　http://www.mext.go.jp
法務省ホームページ　http://www.moj.go.jp
国立国語研究所ホームページ　http://www.kokken.go.jp
国会会議録検索システム　http://kokkai.ndl.go.jp

あとがき

ある研究会の席で言語社会学の鈴木孝夫氏が、「国語政策の歴史はドラマであって、科学にならない。」と述べたことがある。氏は第一一期から第一三期（昭和四七年～五四年）にかけて、国語審議会委員として常用漢字表作成に向けた審議に携わり、一三期末にその結論が「中間答申」とされ（本書一八五～一八六ページ）、決定が先送りになった時点で委員を辞した。「さんざん審議を重ねてきたのだから、もうこれ以上付き合っていられない。」と思ったとのことである。ある人の、「そういう辞め方をすると、叙勲の対象から外れますよ。」との忠言も意に介さなかったそうである。

関係各人、各機関・団体等の、信条・思惑・利害関係・力関係の交錯する中、決定の仕組みの中でドラマを積み重ねながら、国語政策は自身の歴史を紡いできた。福島会長の唐突な先送り提案の背景についても、説明や憶測はいろいろとなされている。鈴木氏の冒頭の言葉は、現場をくぐった学者らしい実感だったのであろう。

しかし、考えてみると、ドラマであるのは国語政策に限ったことではなく、すべての歴史に共通している。古くは源平の盛衰にせよ、近くは郵政民営化をめぐる攻防にせよ、歴史の展開過程はドラマチックである。そして、人は歴史を記述し、解釈し、歴史に学ぼうとする。それを「科学」と呼ぶかどうかはともかく、歴史研究は、未来を切り拓きながら生きていかねばならない人間にとって必須の営みであろう。国語政策の現在と未来のために、国語政策の歴史も書かれなければならないだろう。

国語政策の策定要因には、仮名遣いにおける音韻と表記の乖離のように、国語自体に起因するものと、情報機器の発達による書記方法の変化や、社会変化に伴う言語運用能力伸張の必要性増大のように、国語を取り巻く環境に由来するものとがある。さらに、進学率の変化などにより、国語を使う主体としての国民自身の能力や意識が変動する。国語の伝統重視、あるいは一般国民（さらには外国人）にとっての使いやすさ重視、といったことは、社会におけるナショナリズム、民主化思想、人権意識などの動向と関わるところが大きい。国語政策を総合的に捉えるならば、それらのことが、皆ファクターとして働いているであろう。

戦後の国語政策史を記述しながら、私は、国語政策に関わる組織や論者たちにおける自律的な動きと、より大きな視野からの歴史の動向とを併せ見ていくことの意味を感じていた。そこで、本書では、政策立案の中枢である審議会の動きを中心に記しつつ、生まれてきた政策と社会全体の動きとの関係の構図を、概観的にではあるが、描き出すことも試みた。その視野で見ると、冒頭の「中間答申」の件は、遅かれ早かれ実現していく緩やかな表記基準体系への移行における「誤差」にすぎない。裏面史を描くことを、私は関心の対象としなかった。

「まえがき」でも少し触れたが、私は文化庁国語課に八年間勤務した。その間、「「ことば」シリーズ」の編集や国語審議会の事務局などを担当し、終わりの頃に『国語施策百年史』の企画や「国語施策情報システム」（データベース）の立ち上げに携わった。国語政策に係る国の機関の活動が百年を超え、役所としての基本資料がまとめられ、「国語施策情報システム」は、関係資料の充実が図られつつあり、誰でも簡単に見ることができる。今後は、共有された基本情報を踏まえ、様々な立場の人によって多様な視点から国語政策史が書かれることを望みたいと思う。

一つ付け加えておくと、私が国語課に勤めていた当時の国語審議会は、昭和三〇年代のような対立的な場では全くなかった。当時、委員だった鳥飼玖美子氏は、「私は「国際化に対応する日本語の在り方」について審議する第三委員会に入ったが、毎回の委員会は各委員が自由闊達に意見を述べ、折々、それぞれの専門分野に基づく発表を行い、広い視野から多角的に日本語について考える貴重な場となった。」と記し、表外漢字の字体問題に取り組んでいた阿辻哲次氏は、「樺島主査をはじめとする委員各位と国語調査官たちは、定例の委員会において、まことに楽しげに、和気藹々と、多くの難問の処理にあたっていた、というのが率直な実感である。」と書き残している（『文化庁月報』二〇〇一・一）。「新しい時代」の新たな課題に、意欲的に取り組んでいた審議会の雰囲気を伝えていると思う。「殴り合い」だの「耳ざわり」だのという言葉が飛び交っていた四〇年前とは隔世の感がある。これからの審議会はどうなっていくであろうか。

本書は、二〇〇二年七月から二〇〇五年一二月にかけて、『月刊国語教育』（東京法令出版）に四二回にわたり連載したものが基になっている。一書にまとめるにあたり、全体を通して整理し加筆した。

雑誌連載中いつも温かく励ましてくださった東京法令出版企画開発部の青木陽子さん、単行本化のきっかけを作ってくださった大修館書店編集第一部の池澤正晃さん、担当者としての労をお執りくださり、いろいろと御助言も下さった同じく大修館書店編集第一部の円満字二郎さんに心よりお礼申し上げる。円満字さんとは、以前、国語教科書の編集で御一緒し、単行本については前著『言葉と心が響き合う表現指導』以来、二度目の共同作業となった。有り難い御縁である。そして、連載期間から今に至るまで、週末や正月といえども机やパソコンにばかり向かいがちだった夫・父に協力してくれた家族に感謝したいと思う。

二〇〇六年九月

野村敏夫

[著者略歴]
野村　敏夫（のむら　としお）
1956（昭和 31）年，東京都に生まれる。早稲田大学第一文学部日本文学専攻卒業，早稲田大学国語国文学専攻科修了。東京都立高等学校教諭，文化庁国語調査官などを経て，現在，桜美林大学教授。
著書に，『言葉と心が響き合う表現指導―主体交響の国語教育―』（大修館書店　1999），『国語教育史に学ぶ』（共著，学文社　1997）など，論文に，『21 世紀初頭日本の国家政策における国語教育像―二元的構造下における探求の現状と課題―』（『桜美林言語教育論叢』第 1 号　2005）などがある。

国語政策《こくごせいさく》の戦後史《せんごし》

NDC810 xii, 292, 13p 19cm

初版第 1 刷――2006年11月16日

著者――野村敏夫《のむらとしお》
発行者――鈴木一行
発行所――株式会社大修館書店
〒101-8466　東京都千代田区神田錦町 3-24
電話 03-3295-6231（販売部）03-3294-2352（編集部）
振替 00190-7-40504
[出版情報] http://www.taishukan.co.jp

装丁者――山崎　登
印刷所――広研印刷
製本所――三水舎

ISBN4-469-22184-8　　Printed in Japan

索　引

○事項・人名を併せて 50 音順に掲げた。
○事項については、巻末 10 〜 13 ページに掲げた答申・建議・機関名等を除き、有用と思われるものを選択的に取り上げた。
○表記等、多少のゆれのあるものを、一項目にまとめた場合がある。

【あ】

ISO3602　81
赤坂清七　26
赤松良子　215, 229, 236
朝読書　258
当字の廃棄と外国語の写し方　82
あなた　73, 75, 220, 222
阿部真之助　136, 142
安倍能成　30, 45, 48, 115, 148
天野貞祐　70
荒木萬壽夫　136, 156
有光次郎　26, 27, 29, 33, 48, 124, 136, 195
安藤正純　103
安藤正次　26, 29, 33, 40, 41, 42, 45, 49, 51, 56, 91

【い】

池田潔　136
石井勲　143
石井庄司　136, 142
石川和男　283
石黒修　156
異字同訓　43, 166, 167
市川惇信　211
市原豊太　142
井出祥子　221, 222, 223, 224, 225, 227, 248
井上達二　30
井上ひさし　5
井上史雄　221
井上裕　201, 210
井之口有一　20, 159
井深大　151
入江俊郎　28
岩下富蔵　131
岩淵悦太郎　33, 156, 162, 182, 183, 185, 207
印刷標準字体　232, 233, 235

インフォームド・コンセント　271

【う】

上野田鶴子　237
浮川和宣　227
氏原基余司　267
内田嘉一　159
『美しい日本語のすすめ』　255
宇野精一　135, 141, 152, 159, 160
宇野哲人　26

【え】

江藤淳　212, 222, 223, 224
遠藤慎吾　181

【お】

扇谷正造　156
大石初太郎　15
大西雅雄　206
大野晋　156, 157
太安万侶　3
大村清一　23, 114
小笠原林樹　263
緒方信一　149
緒方富雄　61
岡野清豪　78, 104
奥田尚良　283
奥野誠亮　183
送仮名写法　125
小澤征爾　52
「おとうさん」「おかあさん」(語)　6
「お父さん、お母さん」(表記)　166
小幡重一　29
小汀利得　28, 132, 159
小渕恵三　246
折口信夫　91
音韻文字（フォノグラム）　16, 147
音読・暗唱　261

【か】

外国語ノ写シ方ニ就キテ　82
海部俊樹　183, 196
甲斐睦朗　260, 271, 282
書き言葉　6, 14, 91, 92, 93
学習指導要領（小学校—、中学校—、高等学校—を含む）　7, 80, 81, 106, 107, 109, 110, 112, 178, 179, 189, 258, 259, 262, 263
学術用語　83, 87, 99
拡張の 10 年　247
学年別漢字配当表　111, 112, 154
箇所・個所、箇条・個条　90
柏倉康夫　237
片仮名先習　104
片山哲　132
活字字体整理に関する協議会　44, 45
活字離れ　258
加藤秀俊　211
かな書き中国地名人名一覧　50
仮名遣改定案　17, 37
かなのくわい　14
カナモジカイ　15, 32, 131, 150, 206
樺島忠夫　232
茅島篤　53
河合勇　29
河合秀和　249
川島隆太　259
河村建夫　260
簡易慣用字体　232, 233
漢語整理案　17
漢字仮名交じり文

2, 4, 28, 78, 140, 144, 145, 146, 149, 150, 151, 152, 164, 165, 172, 192
「漢字御廃止之議」 14
漢字字体整理案 19
漢字出現頻度数調査 232, 266
漢字制限 18
「漢字制限に関する宣言」(新聞10社) 18
漢字節減 16, 17
漢字全廃 144, 145, 146
幹事長(国語審議会) 53

【き】

木内信胤 156
北原保雄 221, 224, 225, 252, 259
北村徳太郎 132
基本的人格 73, 94
金大中 246
教育委員会 155, 174, 212, 245
教育課程審議会 78, 106, 112
教育漢字(義務教育用漢字) 40, 109, 112, 148
教育漢字の学年配当について 112
教科書体 113
共通語 92, 96, 213
清瀬一郎 101, 102, 108
金田一京助 33, 70, 71, 91, 95, 98, 119, 120, 121, 122, 123
金田一春彦 156

【く】

句読点(横書き) 68
久保田万太郎 159
グローバル化(グローバリゼーション) 11, 238, 249, 280, 281
桑原武夫 119, 120, 121, 122
訓令式(ローマ字) 19, 78, 79, 81

【け】

敬意表現 6, 218, 219, 224, 225, 226, 227, 248, 269, 280
敬語 6, 61, 70, 71, 72, 74, 91, 95, 140, 158, 213, 214, 218, 219, 220, 221, 222, 223, 224, 247, 269, 277, 280
建議機関 59, 65, 141
言語環境 7, 178, 179, 220
言語政策を話し合う会 132, 150, 159
「現代雑誌九十種の用語用字」 166
言文一致 15, 16

【こ】

小池保 283
語意識 107, 108, 123
小泉純一郎 271
小泉信三 118, 119
康熙字典体 184, 190, 231, 232, 233
工業標準用語 99
口語体 66
皇室用語 74
幸田弘子 211
国語課(文部省・文化庁) 37, 49, 54, 56, 63, 64, 98, 112, 114, 116, 122, 154, 179, 212, 267
「国語元年」 5
国語教育研究協議会 154, 155
国語国字問題 4, 16
国語施策懇談会 263
国語施策情報システム 256
国語調査委員会 10, 14, 16, 18, 34, 48, 82, 125, 256
国語調査方針ト調査事項 16

国語に関する世論調査（総理府・文化庁）
212, 218, 220, 242, 244, 282
国語ノ横書ニ関スル件 19
国語ノローマ字綴方統一ノ件 19
国語問題 4, 19, 146, 256
国語問題協議会
132, 141, 142, 151, 152, 159
国語力 253, 254, 258, 259, 260, 261, 263, 264, 283, 284
国際化 11, 103, 211, 213, 226, 237, 238, 239, 240, 242, 247, 248, 249, 264, 270, 280, 281
国立国語研究所
48, 49, 50, 63, 103, 166, 246
「古事記」 3
戸籍法 68, 268
戸籍法施行規則 7, 69, 268
「ことば」シリーズ 7, 179
言葉遣い
6, 75, 140, 213, 214, 216, 218, 219, 220, 221, 222, 223, 225, 226, 227, 228, 229, 247, 271, 280
子どもの読書活動の推進に関する法律 258
小林英夫 95
コンピタンス（言語能力） 223

【さ】

西園寺公望 15
斎賀秀夫 38, 54, 205
齋藤孝 258, 259
坂田道太 156
坂本朝一 200, 211, 217
相良守峯 139, 145, 159
佐々木八郎 162
佐々木正峰 255
颯田琴次 83, 91, 102, 160
真田信治 20
実藤恵秀 130
佐野利器 78
沢登哲一 41

【し】

CIE（民間情報教育局）
115, 116, 159
GHQ（連合国軍総司令部）
22, 28, 30, 77, 114, 116
塩川正十郎 200, 201
塩田紀和 64
塩田良平 135, 141, 142, 160
JIS(漢字規格) 9, 231, 234
字体整理案 17
島村宜伸 218
清水司 217, 236, 248
諮問機関 57, 141
「修国語論」 14
自由民主党（自民党） 156, 158, 160
熟字訓 166
朱鎔基 246
遵守・順守、遵法・順法 90
春風亭小朝 283
小学校令施行規則 5
情緒力 261
情報化 9, 11, 103, 211, 213, 214, 216, 218, 229, 236, 247, 248, 269, 280
情報機器 214, 229, 230, 269, 274
常用平易 68, 268, 269
女性語 95
初等中等教育局（長）
174, 199, 205, 262
白石大二 112

新字音仮名遣表　19, 37
『尋常小学読本』　6
新村出　172

【す】

推薦協議会（国語審議会）
133, 135, 137, 138, 141
杉森久英　156, 157, 159
鈴木恒夫　215
スタルネーカー　115
ストッダード　28

【せ】

正書法　105, 107, 124, 125, 126
「宣言」（新聞20社）　17

【そ】

相互尊敬　73
相互尊重　225
ソシュール　222, 223
尊敬感情　70, 71

【た】

高階秀爾　252
高瀬荘太郎　50
高橋健二　159
高橋義孝　121
高見三郎　163
滝浦真人　74
武部良明　20, 54, 167
田中耕太郎　30
田中龍夫　189
谷川徹三　29
多様性　173, 239, 241, 244, 280, 281
俵万智　214

【ち】

チェンバレン　206
地球社会　236, 238, 239
「ぢ・じ」「づ・ず」の書き分け
100, 197
中央教育審議会　259, 262, 284
町村合併促進法　86
チョムスキー　223

【つ】

通用字体　190
築島裕　33, 39
辻田力　114
坪内雄蔵（逍遙）　34
鶴見祐輔　26

【て】

寺島アキ子　193, 194, 208
テレビ　96, 279

【と】

同音の連呼　100, 197
東条英機　22
藤堂明保　151, 160
当用漢字表補正資料　87, 88, 89, 148
遠山敦子　253, 254, 257, 258
時枝誠記　29, 33, 58, 61, 87, 118
土岐善麿　58, 59, 81, 86, 95, 98,
124, 131, 135, 136, 172
徳川宗賢　221, 224, 225
徳川慶喜　13
特別漢字　24, 25, 27
鳥飼玖美子　237

【な】
内閣告示・内閣訓令（解説）　53
内藤誉三郎　186
永井愛　255
中川善之助　159
中島健蔵　61, 64, 160
中西進　211, 255
中野美代子　237
中村梅吉　151, 192, 215
中村通夫　116
中村宗雄　66
中山成彬　269
灘尾弘吉　126, 139
納得診療　271
なまり　93, 94
滑川道夫　41
成瀬正勝　131, 132, 133, 135
南部義籌　14

【に】
二語の連合　100, 197
西尾実　33, 49, 159
西島芳二　163
西原慶一　134
日本ローマ字会　15
日本国憲法　31
日本国憲法草案　66
日本式（ローマ字）
15, 19, 78, 80, 81
日本人の読み書き能力調査　120
日本新聞協会　267
日本文芸家協会
58, 132, 149, 212, 222
丹羽文雄　149, 159

【の】
野沢太三　268
野村敏夫　248
野村雅昭　167
野村与十郎　255, 283
野元菊雄　219, 225

【は】
波多野勤子　104, 142
鳩山邦夫　212
話し言葉
5, 6, 59, 61, 63, 91, 92, 93,
99, 102, 103, 140, 213, 277
パフォーマンス（言語運用）　223
林大
116, 182, 195, 201, 211, 214, 215
林四郎　167, 206
林美智子　283
原敬　17
原敏夫　114
原富男　51, 54, 88, 100, 124, 125
パロール　223, 248, 281

【ひ】
東久邇宮稔彦　22
PISA（OECDの学習到達度調査）
263, 275
久松潜一　159, 162
飛田良文　20
左横書き　68, 158
ビデオテープシリーズ「美しく豊かな言葉をめざして」　180
表意派　130, 133, 150
表意文字　164, 172
表音派　130, 133

表音文字　140, 147, 164, 172
標準漢字表　19, 23, 25, 26, 29, 147
標準語　15, 16, 76, 77, 92, 94, 95, 96
標準式（ローマ字）　78
平泉渉　156
平井昌夫　53
平仮名先習　104, 105, 107
平野健一郎　237
平山郁夫　52

【ふ】

福沢諭吉　14, 206
福島慎太郎
181, 183, 185, 187, 188, 189, 207
福田恆存　120, 121, 122, 123, 132
福田量平　114
藤村作　28, 33
藤原正彦　259
二葉亭四迷　15
舟橋聖一　130, 132, 133, 135, 136
振り仮名　31, 165
古垣鉄郎　49
文化芸術振興基本法　253, 258
「文化芸術の振興に関する基本的な方針（について）」　253, 259
「文化を大切にする社会の構築について」　253, 257, 259

【へ】

米国教育使節団　30
平明・簡素（な敬語／言葉）
73, 74, 75, 94, 220, 222
平明（で）、的確（で）、美しく、豊か（な言葉）　177, 219, 226, 282
ヘボン式（ローマ字）
15, 19, 77, 78, 80, 81
ペルゼル　116
変体仮名　5, 68

【ほ】

母音の無声化　93
方言　5, 96, 97, 213, 279, 280
方言の尊重　253
方言の乱用　97
棒引き仮名遣い　8, 34
法令形式ノ改善ニ関スル件　65
保科孝一　25, 26, 29, 30, 31, 82, 85
ポストモダン　279, 280
細川隆元　132, 142, 152, 159

【ま】

前島来輔（密）　13
前田義徳　163
マグレール（マック・グレール）
115
交ぜ書き　87, 230
町村信孝　225, 232, 236, 248, 253
松岡和子　283
マッカーサー　22, 28
松坂忠則
30, 58, 131, 135, 150, 156, 160
松田源治　19
松村明　195, 201
松村謙三　105
松本亦太郎　116
マハティール　244
マハティール・ビン・モハマッド
244
黛まどか　255
「鬮」の字に関する意見書　186

【み】

水谷修　229, 232, 236, 260
水原明人　20
南弘　25
三根谷徹　185
三宅武郎　114
宮沢俊義　69
明朝体　113, 184, 190

【む】

務台理作　159
村上俊亮　160, 162
室屋晃　179

【め】

目安　165, 184, 188, 190, 192, 194, 230, 234, 278

【も】

毛沢東　52
文字・活字文化振興法　254, 259
『文字之教』　14
文字化け　231
元良勇次郎　116
森有礼　14
森岡健二　207
森田タマ　156
森戸辰男　115, 142, 145, 146, 147, 149, 159, 160
森山眞弓　213
諸橋轍次　26
文部大臣／文部科学大臣の諮問　18, 151, 153, 215, 254, 257, 259

【や】

安永蕗子　255
簗田欽二郎　26
矢野文雄（龍渓）　14
山岸徳平　135
山田俊雄　64
山田美妙　15
山内豊信（容堂）　14
山本勇造　28, 29, 30, 33, 42, 104, 147

【よ】

吉川幸次郎　120, 121
吉田澄夫　20, 159
吉田提案　143, 144, 146
吉田富三　142, 143, 145, 146, 151, 159, 160
『読書入門』　104
読み書き能力調査委員会　159
よりどころ　196, 198, 201, 234, 278

【ら】

ラジオ　15, 96
ら抜き言葉　221
ラング　223

【り】

リード、トム　244
臨時仮名遣調査委員会　35
臨時国語調査会　10, 16, 17, 18, 24, 32, 35, 37, 48, 82
臨時ローマ字調査会　19

【れ】

歴史的仮名遣い　8, 33, 34, 37, 119, 121, 122, 157, 198

【ろ】

朗読・暗唱　258
羅馬字会　15
ローマ字教育　78, 80
ローマ字調査分科審議会　60, 76, 78, 80
ローマ字ひろめ会　15

【わ】

渡部昇一　156

【写真提供元一覧】

p26, p28, p41, p43, p49, p59, p61, p71, p143, p145, p183（上）　共同通信社
p183（下）, p215　国立国語研究所
p121　日本近代文学館
p134　毎日新聞社

国語審議会（戦後）・文化審議会

◇本書で言及した事項について掲げた。〈答〉＝答申〈建〉＝建議〈報〉＝報告

<table>
<tr><th colspan="4">内容
時代区分等</th><th>総括整理</th><th>表記（●＝漢字、○＝仮名遣い・送り仮名、◆＝外来語等、◇＝ローマ字、▼＝法令・公用文、▽＝その他）</th></tr>
<tr><td rowspan="8">Ⅰ民主化思想による国語改革期</td><td>a新表記体系構築期
昭和20〜24（1945〜1949）年</td><td colspan="2">官制に基づく国語審議会</td><td></td><td>●当用漢字表〈答〉31
○現代かなづかい〈答〉35
●当用漢字別表〈答〉40 →国語教育
●当用漢字音訓表〈答〉42
●当用漢字字体表〈答〉44
◆中国地名・人名の書き方の表〈建〉51</td></tr>
<tr><td rowspan="4">b民主社会の言語生活基盤整備期
昭和24〜34（1949〜1959）年</td><td rowspan="7">法律・制令に基づく国語審議会</td><td>第１期</td><td>国語問題要領〈報〉61</td><td>▼法令の用語用字の改善について〈建〉66
●人名漢字に関する建議 68
▼公用文改善の趣旨徹底について〈建〉67
▼公用文の左横書きについて〈建〉68
◇ローマ字文の分ち書きのしかた〈部〉59</td></tr>
<tr><td>第２期</td><td></td><td>◇ローマ字つづり方の単一化について〈建〉76
▽町村の合併によって新しくつけられる地名の書き表わし方について〈建〉86
▼法令用語改善について〈建〉87
◆外来語の表記について〈部〉82
●当用漢字表審議報告〈部〉88</td></tr>
<tr><td>第３期</td><td></td><td>▽正書法について〈報〉107
▽同音の漢字による書きかえについて〈報〉100</td></tr>
<tr><td>第４期</td><td></td><td>○送りがなのつけ方〈建〉127</td></tr>
<tr><td rowspan="3">c改革反省・再検討期
昭和34〜41（1959〜1966）年</td><td>第５期</td><td></td><td>▽地名・人名のかな書きについて〈部〉131</td></tr>
<tr><td>第６期</td><td>国語の改善について〈報〉139</td><td></td></tr>
<tr><td>第７期</td><td></td><td>●当用漢字表の再検討について〈部〉
○送りがなのつけ方の再検討について〈部〉</td></tr>
</table>

答中・建議等分野別一覧（その１）

〈部〉＝部会報告〈分〉＝分科会報告〈中〉＝中間答申〈審〉＝審議経過報告

太字は内閣告示とされたもの。数字は本書の主な参照ページ。

言葉遣い	国際化・情報化への対応	国語教育
		当用漢字別表〈答〉40 →表記
話しことばに対する報告書〈部〉96 これからの敬語〈建〉70		
標準語のために〈部〉92		
		かなの教え方について〈報〉103 話しことばの改善について〈建〉102 国語教育におけるローマ字教育について〈報〉80
語形の「ゆれ」について〈部〉131		
発音のゆれについて〈部〉142		

国語審議会（戦後）・文化審議会

時代区分等 ＼ 内容				総括整理	表記（●＝漢字、○＝仮名遣い・送り仮名、◆＝外来語等、◇＝ローマ字、▼＝法令・公用文、▽＝その他）
Ⅱ現代表記の再構築期	昭和41～平成3（1996～1991）年	法律・制令に基づく国語審議会	第8期		●漢字部会審議経過報告 ○かな部会審議経過報告 ●○小委員会審議経過報告
			第9期		●当用漢字改定音訓表（案）〈部会試案〉163 ○改定送りがなのつけ方（案）〈部会試案〉163
			第10期		●**当用漢字改定音訓表**〈答〉164 ○**改定送り仮名の付け方**〈答〉168
			第11期		●第11期国語審議会審議経過報告〈審〉182
			第12期		●新漢字表試案〈報〉183
			第13期		●常用漢字表案〈中〉186
			第14期		●**常用漢字表**〈答〉187
			第15期		○仮名遣い委員会の審議経過について〈主査報告〉
			第16期		○**改定現代仮名遣い**〈答〉196
			第17期		◆外来語表記委員会審議経過報告
			第18期		◆**外来語の表記**〈答〉200
Ⅲ国際化・情報化社会への対応期	**a国語施策の対象領域拡張期** 平成3～12（1991～2000）年		第19期	現代の国語をめぐる諸問題について〈報〉213	
			第20期		
			第21期		
			第22期		●表外漢字字体表〈答〉232→国際化・情報化への対応
	b 平成13（2001）年～	文化審議会		国語分科会で今後取り組むべき課題について〈分〉269	

答申・建議等分野別一覧（その2）

言葉遣い	国際化・情報化への対応	国語教育
		一般問題小委員会審議経過報告
		国語の教育の振興について〈建〉176
新しい時代に応じた国語施策について〈審〉216, 219, 229, 237		
新しい時代に応じた国語施策について〈審〉216, 224		
現代社会における敬意表現〈答〉225	表外漢字字体表〈答〉232 →表記 国際社会に対応する日本語の在り方〈答〉238	
		これからの時代に求められる国語力について〈答〉260